Inhalt

All jenen gewidmet,

die auf dem Weg des Herzens wirken.

Vorwort

Dieses Buch ist eine Einladung, Ihr Leben und Ihr Sein durch die Kultivierung von Achtsamkeit zutiefst und authentisch zu erleben. Es vermittelt Ihnen die Grundlagen für eine Achtsamkeitspraxis im Alltag und möchte Sie zu weiterer Vertiefung, Veränderung, Kreativität und Wachstum auf dem Weg zu einem erfüllten und harmonischen Leben inspirieren. Aufgrund seiner Struktur kann es sowohl als kleiner Leitfaden zur schrittweisen Einführung in die Achtsamkeit als auch als Handbuch für bereits fortgeschrittene Übende oder in diesem Bereich professionell Tätige dienen.

Wenn sie das Wort Achtsamkeit hören, verbinden die meisten Menschen es zunächst mit einem buddhistischen Konzept. Achtsamkeit ist jedoch eine jedem Menschen innewohnende Qualität und stellt nicht nur im Buddhismus, sondern in nahezu allen spirituellen Traditionen einen Aspekt der geistigen Schulung dar. In jüngster Zeit wurden traditionelle Achtsamkeitsübungen zudem in psychologische und psychotherapeutische Kontexte eingebettet (beispielsweise in der ACT, der Akzeptanz- und Commitment-Therapie, oder in der Achtsamkeitsbasierten Stressreduktion nach Jon Kabat-Zinn).

Die in diesem Buch vorgestellten Meditationen und praktischen Übungen habe ich entweder durch verschiedene Ausbildungen in Körper-, Tanz- und Atemarbeit erlernt oder habe sie selbst in meiner bald 30-jährigen Praxis entwickelt. Alle Übungen und Meditationen sind sowohl in weltlichen als auch spirituellen Zusammenhängen erprobt.

Es soll hier zunächst darum gehen, Achtsamkeit jenseits von Spiritualität und Therapie durch Übungen und Meditationen zu entwickeln und zu erleben. Die Übungen sollen Ihnen Schritt für Schritt helfen, den Alltag leichter zu meistern, den Tücken und Gewohnheitsmustern des täglichen Lebens zu begegnen, Burnout und Stress vorzubeugen sowie der Zerstreutheit, die sich in späteren Lebensjahren oft einstellt, entgegenzuwirken. Denn geschulte Achtsamkeit kann uns gerade im Seniorenalter helfen, unseren Alltag länger unabhängig und unbeschwert zu genießen und ein selbstbestimmtes Leben zu führen.

Achtsamkeitspraxis, wie sie hier verstanden wird, ist nicht etwas, das man im stillen Kämmerlein, abgeschieden vom täglichen Einerlei und losgelöst von den gewohnten Herausforderungen des Lebens praktiziert. Aus diesem Grunde wurden bei der Gestaltung der Übungen und Meditationen auch das alltägliche Leben mit Kindern, in der Partnerschaft und die Erfahrungen älterer Menschen berücksichtigt. In den ersten Kapiteln wird eine Palette von Grundübungen mit Erklärungen und möglichen kreativen Erweiterungsmöglichkeiten vorgestellt. Am Ende des Buches finden Sie einen beispielhaften Tagesablauf, anhand dessen gezeigt wird, wie wesentliche Übungen in den Alltag integriert werden könnten. Die Übungen und Meditationen sind thematisch gruppiert, bauen teilweise aufeinander auf und sind miteinander kombinierbar. Das Buch enthält zudem vielfältige Anregungen, wie Sie Ihr eigenes Achtsamkeitsprogramm auf der Basis der Grundübungen spielerisch und kreativ entwickeln können. Auf diese Weise lernen sie zum einen die Essenz einer Achtsamkeitspraxis kennen und haben andererseits eine Auswahl von kombinierbaren Modulen für die Bewältigung der sich ständig verändernden Herausforderungen des Lebens zur Hand. Diese Formen angewandter Achtsamkeit lassen sich leicht in den Alltag integrieren.

Für die Umsetzung dieser Übungen brauchen Sie Ihren wahrscheinlich engen Zeitplan anfangs nur wenig zu verändern, sind jedoch eingeladen, nach einiger Zeit des Übens Ihre eigene weitergehende Praxis zu gestalten. Ist Ihnen die Achtsamkeit erst einmal zur Gewohnheit geworden, werden Sie wahrscheinlich feststellen, dass Sie mehr Zeit und mehr Lebensqualität gewonnen haben und sich mit Freude einer für Sie und Ihr Leben passenden Praxis widmen mögen.

Achtsamkeit ist jedoch nicht nur ein Mittel, um zu einer weiseren und entspannteren Lebensweise zu gelangen. Sie vermag Ihr Leben auch dadurch zu bereichern, dass Sie bewusster wahrnehmen und klarer erkennen können, wer Sie wirklich sind. In orientalischen Kulturen spielt die Kunst des Geschichtenerzählens in dieser Hinsicht eine bedeutende Rolle: Die Geschichten wirken und lehren häufig auf verschiedenen Verständnisebenen, die sich dem Zuhörer seinem jeweiligen Bewusstseinsstand entsprechend erschließen. Wie bei mündlichen Überlieferungen üblich, werden sie beim Erzählen jedes Mal ein wenig variiert und ausgeschmückt, und daher habe ich die hier eingestreuten Geschichten so aufgeführt, wie ich selbst sie gehört habe. Die kleinen humorvollen Geschichten mögen Ihnen zudem einen Anreiz bieten, auf dem spannenden Weg der Selbsterkenntnis innezuhalten, nachzudenken und zu schmunzeln. Und so, wie sich im Laufe der Praxis von Achtsamkeit unsere Wahrnehmung verändert, mag sich auch beim erneuten Lesen dieser Geschichten eine Ebene auftun, die wir zuvor noch nicht bemerkt hatten …

Ich wünsche Ihnen viel Freude auf Ihrer Entdeckungsreise!

KAPITEL 1

Achtsamkeit – was ist das?

Bevor wir uns den praktischen Meditationen und Übungen zuwenden, wollen wir einmal genauer beleuchten, was hier unter Achtsamkeit zu verstehen ist. In dem Wort *Achtsamkeit* steckt das Verb *achten* und das Substantiv *Achtung,* aber auch *Aufmerksamkeit.* Jemanden oder etwas zu achten setzt eine Wertschätzung und Beachtung voraus. Achtung bedeutet ebenfalls Wertschätzung, aber auch „aufgemerkt, Vorsicht". Aufmerksamkeit schenken wir meist Dingen oder Menschen, an denen wir Interesse haben, die wir be-achten und für die wir oft auch Sorge tragen. So achten wir auf unsere Kinder, unsere Haustiere oder auch auf das von Großmutter geerbte Familienporzellan oder das neue Auto. Häufig ist das, worauf wir achten, auch das, was wir lieben, was uns kostbar ist. Wir hüten unseren Schatz wie unseren Augapfel, wie es im Volksmund heißt. Insofern ist die Praxis der Achtsamkeit eine Praxis des Liebens und Wertschätzens. Lieben wir etwas, so erkennen wir die ihm innewohnende Schönheit, die Schönheit des Lebens und die Schönheit unseres Seins. Wir sind authentisch. Übertragen wir diese Wertschätzung und Achtung auf alle Bereiche unseres Lebens, dann werden sich auch unsere Sichtweise und unser Verhalten verändern. Wir beginnen, uns selbst, unsere Mitmenschen und schließlich die ganze Schöpfung in Liebe und Respekt, mit Herzensweisheit wahrzunehmen.

13

Zur Kultivierung von Achtsamkeit müssen wir uns schrittweise der Prozesse, die in uns und unserer Umgebung ablaufen, bewusst werden und erkennen, wer wir sind, wo wir sind und was wir sind. Deshalb werden wir unsere Aufmerksamkeit zunächst auf unseren inneren Raum richten, uns also einer gezielten Bewusstheit bedienen, damit wir erkennen, wie Gedanken und Gefühle die Wirklichkeit verschleiern oder verzerren. Wir bewegen uns in diesem Prozess der Erkundung spiralförmig von innen nach außen und im Wechsel zwischen beiden Polen hin und her. Da unser Atem ständig genau diese Verbindung zwischen innen und außen, zwischen uns und unserer Umgebung herstellt, werden Übungen und Meditationen mit dem Atem unser erster Schritt auf dem Weg zur Kultivierung von Achtsamkeit sein. In wachsenden Kreisen werden wir darauf aufbauend uns immer mehr in den Raum begeben und uns der Achtsamkeit in Beziehungen mit anderen Menschen zuwenden, bis das Erleben von Achtsamkeit im alltäglichen Leben uns zur Gewohnheit werden kann.

Es gibt verschiedene Stufen von Achtsamkeit und daher recht unterschiedliche Definitionen. Die Folgende von Jiddu Krishnamurti gefällt mir persönlich am besten, weil sie gut formuliert, worum es in diesem Buch geht: „Achtsamkeit ist ein aufmerksames Beobachten, ein Gewahrsein, das völlig frei von Motiven oder Wünschen ist, ein Beobachten ohne jegliche Interpretation oder Verzerrung." Das heißt, wir nehmen wahr, ohne das Wahrgenommene mit unseren Gedanken und Gefühlen, unseren Urteilen und Vorstellungen einzufärben. In dieser höchsten Stufe von Achtsamkeit ist das Gewahrsein umfassend und nicht auf einen Fokus beschränkt. Dadurch nehmen wir uns und unsere Umgebung unverstellt und in reiner Gegenwart wahr.

Im Augenblick präsent sein

Achtsamkeit zu erleben heißt, im Augenblick präsent zu sein. Das wird beispielsweise beim Tanzen ganz deutlich: Wenn man tanzt, bewegt man sich nur jetzt, in diesem Augenblick. Jede Bewegung geschieht in einem Moment, der unwiederholbar, einzigartig und kostbar ist. Auf diese Unmittelbarkeit des Augenblicks zielen auch die sogenannten „Movements" von G. I. Gurdjieff ab, rhythmische Bewegungen und sakrale Tänze, die so konzipiert sind, dass sie den Tanzenden auf verschiedensten Ebenen fordern. Die Bewegungen sind bewusst so angelegt, dass sie dem üblichen Bewegungsvokabular eines Menschen widersprechen und damit jede Bewegung gewissermaßen neu erfahren wird. Für das Erlernen der Schritte und Bewegungsabfolgen in der Musik und im Raum benötigt man zwar seinen Verstand, doch sobald es an deren Umsetzung geht, hindert das Denken an der korrekten Ausführung. Solange wir noch „in Gedanken sind", gelingt es nicht, diese komplizierten Bewegungsfolgen korrekt auszuführen. Es ist faszinierend zu erfahren, wie sehr die Schleier unseres Denkens und Fühlens uns daran hindern, wirklich da und im Augenblick präsent zu sein. Gurdjieffs Aussage: „Ich bin nur wirklich, wenn *Ich bin*", wird in diesen Übungen direkt erfahrbar.

Auf ähnliche Weise bildet die Hingabe an den Augenblick einen der wesentlichsten Aspekte bei der Achtsamkeit. Durch die Übungen und Meditationen in den folgenden Kapiteln werden Sie erfahren, wie sehr unsere Gedanken und Gefühle uns davon ablenken, wirklich in der Gegenwart und authentisch zu sein. Mit den Gedanken und Gefühlen hängen wir entweder in der Vergangenheit fest oder eilen in die Zukunft voraus. Wir erfinden Geschichten und innere Filme oder Fantasien darüber, was passiert ist oder geschehen könnte. Dabei verpassen wir ganz, den Augenblick mit all seinem Potential, das er bietet, zu nutzen und uns an ihm zu erfreuen. Sind wir nämlich wirklich im gegenwärtigen Moment präsent, dann zählt nur, was gerade jetzt *ist*. Wir sind genau bei dem, was wir gerade tun oder *sind*, genau hier und genau jetzt. Wir sind uns unserer Gedanken und Gefühle bewusst, lassen uns von ihnen aber nicht von der Präsenz im Augenblick ablenken. Ein Vertreter des Zen-Buddhismus beschreibt dieses Präsentsein sehr einfach und prägnant mit den Worten: „Wenn ich esse, esse ich; wenn ich gehe, gehe ich; wenn ich schlafe, schlafe ich." Wie ist das zu verstehen? Sie meinen, das tun Sie doch auch? Nun, normalerweise tun wir Dinge, ohne uns dessen bewusst zu sein.

Wir sind in Gedanken anderswo, oft mit Problemen aus der Vergangenheit oder Plänen für die Zukunft beschäftigt. Sind wir jedoch achtsam und präsent in der Gegenwart, sind wir bei dem, was wir gerade tun. Wir sind dann beim Essen nicht in Gedanken bei unserer Einkaufsliste oder bei der Kriegsberichterstattung aus Nahost. Wir sind vielmehr mit Leib und Seele vollkommen achtsam auf unser Essen zentriert. Wir essen. Wir schmecken, wir genießen. Nichts sonst.

Auf diese Weise können wir das Potential des Augenblicks erkennen, statt in vorgefertigten Denkbahnen zu agieren und zu reagieren. Jeder Augenblick ist vergänglich und gleichzeitig neu. Er birgt in sich das Potential für das nächste Jetzt. Achtsam für den Augenblick zu sein heißt zu erkennen, was zu tun Priorität hat und was zu lassen nötig ist. Prioritäten zu setzen, ist wesentlich in unserem Leben, damit wir uns nicht verzetteln, sondern Ruhe und Klarheit gewinnen. Dafür ist es wichtig, die Struktur und den Rhythmus in unserem Leben zu erkennen und heilsame Wege einzuschlagen, die unser Wachstum fördern, zum Wohle aller Beteiligten.

Reisende im fremden Land

Ein weiterer wesentlicher Aspekt beim Praktizieren von Achtsamkeit ist die innere Haltung, mit der wir üben. Wer viel auf Reisen ist oder längere Zeit im Ausland lebt, ist besonders wach für die kulturellen Unterschiede im Vergleich zu seinem Ursprungsland. Die Sitten und Gebräuche sind anders, das Essen ist fremdartig und das Klima vielleicht ungewohnt. Wenn man zudem anfangs die Sprache seines Gastlandes nicht beherrscht, ist man gezwungen, offener und aufmerksamer zu sein als in einer uns vertrauten Umgebung. Wir können nicht mit vielen Worten kommunizieren, sondern müssen kreativ andere Mittel wie Gestik und Mimik heranziehen. Wir greifen mehr auf unsere Intuition und andere sonst brachliegende Fertigkeiten zurück und ergründen allmählich die Geheimnisse des Landes. Durch diese natürliche Art von Achtsamkeit erleben wir das fremde Land intensiv und unmittelbar. Wir machen uns zunehmend vertrauter mit ihm, lassen uns von den neuen Eindrücken und Einsichten inspirieren und beginnen mit dieser angewandten Achtsamkeit zu wachsen, uns zu orientieren und aufzublühen.

Eine Einstellung, in der Herz und Geist sich verbinden und die der eines Reisenden in einem fremden Land gleicht, wäre deshalb die ideale Voraussetzung für die Einübung von Achtsamkeit. Mit dieser Haltung, die im Zen „Anfängergeist" genannt wird, nähern wir uns frisch und neugierig, hellwach und empfänglich einer Haltung der Achtsamkeit, so als würden wir zum ersten Mal davon hören, selbst wenn wir schon viele Jahre praktizieren. Wie Reisende im fremden Land erforschen wir uns und unser Leben – jeden Tag aufs Neue!

Eine kleine Geschichte:

Glauben und Wissen

Drei Mönche sitzen in einem Boot und angeln.

Nach einer Weile gehen dem einen Mönch die Würmer aus. Er legt seine Angel zur Seite, blickt kurz zum Himmel und dann aufs Wasser. Er lupft seine Kutte etwas hoch, steigt aus dem Boot und läuft über das Wasser zum Ufer. Nachdem er sich dort mit Nachschub an Würmern eingedeckt hat, läuft er über das Wasser zurück zum Boot und angelt weiter.

Kurze Zeit darauf gehen dem nächsten Mönch die Würmer aus. Auch er legt seine Angel zur Seite, schaut kurz zum Himmel, dann aufs Wasser, zieht seine Kutte etwas hoch, steigt aus dem Boot, läuft übers Wasser zum Ufer, holt einige Würmer, läuft über das Wasser zum Boot zurück und angelt weiter.

Etwas später gehen auch dem dritten Mönch die Würmer aus. Er legt seine Angel zur Seite, blickt kurz zum Himmel, schaut dann aufs Wasser. Er rafft seine Kutte etwas hoch, steigt aus dem Boot und – versinkt wie ein Stein im Wasser.

Meint der erste Mönch zum anderen: „Gottvertrauen hat er ja …"

„Ja, das hat er", stimmt der andere Mönch ihm zu, „aber leider weiß er nicht, wo die Pfähle stehen."

◆ ◆ ◆

Achtsamkeit erleben

Aufgrund der vielfältigen Anforderungen des digitalen Zeitalters mit seinem hohen Tempo und den Erfordernissen des „Multitasking" stehen wir oft unter starkem Druck, Stress und Anspannung. Wir glauben, alles Mögliche tun zu müssen, um diesen Anforderungen gerecht zu werden, fühlen uns für zu vieles verantwortlich und nehmen uns zu wenig oder gar keine Zeit für die angenehmen Seiten des Lebens. Manchmal haben wir den Eindruck, unser Leben würde durch ein Autopilot-Programm gesteuert. Wir befinden uns zum größten Teil im Modus des Tuns. Die Praxis der Achtsamkeit zeigt uns Wege auf, wie wir diese Mechanismen, die häufig auch zu körperlichen Beeinträchtigungen oder Erkrankungen führen, erkennen und transformieren können. Sind wir achtsam und für den Augenblick präsent, lernen wir, mehr vom Modus des Tuns in den des Seins zu wechseln und erhalten dadurch die Gelegenheit, das Potential des Augenblicks zu erkennen und der jeweiligen Gegebenheit entsprechend zu handeln oder innezuhalten und dadurch unser Leben zu verändern.

Die Meditationen und Übungen in diesem Buch helfen uns, die eingefahrenen Spurrillen zu verlassen, die Gegebenheiten des Lebens, die wir nicht ändern können, anzunehmen und Stress, Burnout und Zerstreutheit entgegenzuwirken beziehungsweise diesen vorzubeugen. Damit geht eine Kultivierung der Herzensweisheit einher. Selbsterkenntnis und Achtsamkeit beim Sprechen und im Verhalten spielen hierbei ebenfalls eine wichtige Rolle. Die Praxis der Achtsamkeit im Alltag führt uns allmählich immer öfter in den Modus des Seins, in den Augenblick, da wir authentisch sind, da wir wirklich *sind* – wir sind einfach nur da. Wir müssen nicht immer etwas tun. Wir dürfen einfach so sein, wie wir sind. Nichts sonst. Und genau darum geht es in den Übungen und Meditationen zur Achtsamkeit: Wir erkennen im So-Sein die Mechanismen, die unser Leben so anstrengend machen. Wir begreifen, wie wir uns ständig selbst Steine in den Weg legen und über sie fallen. Achtsamkeit zu üben hilft uns, Gedanken als Gedanken, Gefühle als Gefühle, die inneren Filme und Geschichten als innere Filme und Geschichten zu erkennen und loszulassen. Wir sind ihrer gewahr, lassen uns jedoch immer weniger in sie hineinziehen oder von ihnen in die Irre führen. Wir lernen uns und das Leben immer besser kennen und anzunehmen. Das Tun entsteht dann aus dem Sein, aus dem, was notwendig ist. Dann können wir uns leicht und mühelos in das Leben entspannen und durch Herzensweisheit die Harmonie und Schönheit in uns und anderen, im Leben und in der Schöpfung erkennen. Zum Wohle aller Beteiligten!

Kapitel 2

Auf den Schwingen des Atems

Der Atem ist wie eine Schaukel, die ständig in Bewegung ist,
und was auch immer man in die Schaukel legt,
schwingt mit in der Bewegung des Atems.

– Hazrat Inayat Khan –

Vielleicht kennen Sie den amüsanten Cartoon von Peter Gayman:
Ein kleiner Elefant sitzt oben auf dem Ast eines Baumes und darunter
mutmaßen zwei Hühner: „Ich denke, es ist eine Frage der Atemtech-
nik." Da haben sie nicht so unrecht, die Hühner. Denn in der Tat
ist der Atem eines unserer wichtigsten Werkzeuge. Doch lassen wir
vorerst die „Technik" beiseite, und bleiben wir beim Atem. Denn
er ist es, der uns bei unserer Geburt ins Leben eintreten lässt, und
mit unserem letzten Atemzug verlassen wir dieses Leben wieder. Der
Atem ist auch das, was uns mit allen Lebewesen, wozu ich auch die
Pflanzen zähle, verbindet. Wir atmen dort, wo wir sind, alle dieselbe
Luft, es gibt nicht „meine" oder „deine" Luft. Wir alle sind durch
die Luft, die wir atmen, miteinander verbunden.

Das Atmen ist das Essenziellste, das wir haben. Atmen ist Leben.
Wir können eine Weile ohne Nahrung oder auch ohne Wasser aus-
kommen, überleben aber nicht lange, ohne zu atmen. Und da wir

aus diesem Grunde ständig mit unserem Atem in Kontakt sind, auch wenn wir uns dessen nicht bewusst sein mögen, benötigen wir für den Anfang nichts weiter als unseren Atem. Schon, indem wir uns unseres Atmens bewusst werden, können wir unsere erste Übung in Achtsamkeit durchführen. Viele der Atemübungen können Sie beinahe überall ausführen und Sie benötigen dafür keinen großen Zeitaufwand. Im Laufe dieses Buches werden wir immer wieder auf den Atem zurückkommen und Sie werden auch einige „Techniken" lernen, die Sie in tiefere und intensivere Erfahrungen hineinführen können.

Grundlegende Atemübung

Zeitaufwand: ca. 5 Minuten

Sie können diese Übung im Liegen, im Sitzen oder auch im Stehen durchführen, benötigen jedoch während dieser Minuten ein relativ stilles Umfeld. Das heißt, dass niemand etwas von Ihnen will, dass Sie kein Telefon beantworten oder auf ähnliche Weise verfügbar sein müssen.

Vorbereitung:

Sie sollten darauf achten, dass Ihre Körperhaltung in jedem Fall gerade und gestreckt ist, damit der Atem frei fließen kann. Wenn Sie liegen, legen Sie sich auf den Rücken, mit angewinkelten Knien und auf die Unterlage aufgestellten Füßen, sodass der Rücken entspannt auf der Unterlage ruht. Beim Sitzen setzen Sie sich an den vorderen Rand des Stuhls, ohne eine Lehne zu berühren. Sie erden die beiden parallel stehenden Füße gut im Boden und recken die Wirbelsäule nach oben. Stellen Sie sich vor, ein goldener Faden würde Ihren Kopf vom Scheitelpunkt aus sanft nach oben ziehen. Achten Sie darauf, dass Ihr Hals weder nach vorn noch nach hinten geknickt, sondern lang und gestreckt ist.

Wenn Sie lieber auf dem Boden sitzen, nehmen Sie, wenn Sie können, eine bequeme Sitzhaltung im Schneidersitz oder Lotossitz ein, sodass Sie die Wirbelsäule strecken können.

Wenn Sie sich nicht hinsetzen oder hinlegen können, *stellen* Sie die Füße mit den Spitzen nach vorn zeigend und parallel auf Hüftbreite möglichst gut geerdet auf. Die Knie sind locker gebeugt, damit die Gelenke nicht blockiert werden. Das Becken befindet sich über den Füßen und die Schultern über dem Becken. Ihre Wirbelsäule ist ebenso wie in den anderen Positionen nach oben gereckt.

Geräusche, Gespräche oder Verkehrslärm, die Sie nicht betreffen, brauchen Sie nicht zu stören. Schenken Sie ihnen einfach keinerlei Beachtung. Mit einiger Übung können Sie diese kleine Sequenz an der Bus- oder U-Bahn-Haltestelle, im Verkehrsstau, in der U-Bahn, beim Warten an der Kasse, in der Mittagspause und, und, und … durchführen.

2.1. Atemübung 1: Den Atem erfahren

Senken Sie nun die Augenlider oder schließen Sie die Augen ganz, um sich besser konzentrieren zu können. Werden Sie zuerst Ihres Atems gewahr. Spüren Sie, wie die Luft beim Einatmen in Ihre Nase strömt. Nehmen Sie die Beschaffenheit der Luft wahr. Ist die Luft warm oder kalt, feucht oder trocken, frisch oder eher abgestanden? Können Sie vielleicht einen Duft wahrnehmen? Versuchen Sie nicht, das, was Sie wahrnehmen, einzuordnen oder zu benennen. Nehmen Sie es lediglich zur Kenntnis und atmen Sie einfach weiter.

Lassen Sie Ihren Atem dann auf eine für Sie natürliche Weise wieder gehen. Beeinflussen Sie ihn in keiner Weise! Spüren Sie den Luftstrom in Ihrem Nasenraum, an den feinen Härchen? Wie fühlt sich die Luft an? Nehmen Sie sie wahr und fahren Sie fort.

Atmen Sie ein – und atmen Sie aus. Wenn Gedanken oder analytische Überlegungen kommen, halten Sie diese nicht fest, sondern lassen Sie sie einfach wieder los, wie die Luft beim Ausatmen.

Atmen Sie ein, atmen Sie aus. Beobachten Sie einfach nur Ihren Atem, wie er von allein in Sie hineinströmt und wieder hinausfließt. Sie müssen nichts dazu tun. Ihr Körper kümmert sich darum und Sie sind lediglich Beobachter. Strengen Sie sich nicht an.

Atmen Sie ein und atmen Sie aus, ohne einzugreifen oder den Atem zu beeinflussen.

Nach ungefähr fünf oder mehr Minuten, je nachdem, wie es Ihr Zeitfenster zulässt, nehmen Sie zum Abschluss der Übung drei tiefe Atemzüge. Nach dem letzten tiefen Atemzug kehren Sie in Ihre übliche Körperhaltung zurück. Öffnen Sie die Augen und spüren Sie in Ihren Körper hinein.

Selbstbeobachtung:

Hat sich etwas verändert? Wenn ja, was hat sich verändert?

Was nehmen Sie wahr?

Blicken Sie sich um. Sieht alles aus wie zuvor?

Hat sich Ihre Sichtweise geändert? Was nehmen Sie wahr?

Diese Übung ist sehr gut zur Entspannung bei Stress oder Angst anzuwenden, wenn sie zuvor über einen längeren Zeitraum regelmäßig praktiziert worden ist. Sie bildet einen ausgezeichneten Auftakt in den Tag und lässt sich leicht und mühelos in Ihren Tagesablauf integrieren.

Für ältere Menschen, die sich zentrieren und konzentrieren wollen, stellt sie die beste Einstiegsübung dar. Außerdem unterstützt sie dabei, „inneren Filmen" und Ängsten, Depression sowie Zerstreutheit entgegenzuwirken.

2.2. Atemübung 2: In den Bauch atmen

Diese Übung sollten Sie zu Hause praktizieren oder in einem geschützten Rahmen, wo Sie mindestens 15 Minuten ungestört sein können. Dieses Mal werden Sie Ihren Atem bewusst lenken und so ein größeres Körpergewahrsein erlangen. Gleichzeitig trägt die Übung zur Entspannung von Körper und Geist bei.

Legen Sie sich auf eine Matte auf dem Boden oder auf eine Liege oder ein Bett mit fester Unterlage. Stellen Sie beide Füße in geringem Abstand voneinander parallel mit den Fußsohlen auf, sodass die Knie angewinkelt sind und der gesamte Rücken Kontakt mit dem Boden hat. Legen Sie beide Hände locker unterhalb des Bauchnabels auf den Bauch und schließen Sie die Augen. Spüren Sie Ihren Rücken auf dem Boden und lassen Sie ihn mit jedem Atemzug tiefer in den Boden „sinken".

Atmen Sie nun vier Zeiten ein, indem Sie den Bauchraum dabei weiten: 1-2-3-4.

Halten Sie diese Weite im Bauchraum vier Zeiten lang, ohne ein- oder auszuatmen: 1-2-3-4.

Nun atmen Sie vier Zeiten wieder aus und leeren dabei den Bauchraum: 1-2-3-4.

Beim nächsten Einatmen öffnen Sie den Bauchraum auf fünf Zeiten: 1-2-3-4-5.

Halten ihn fünf Zeiten: 1-2-3-4-5.

Atmen Sie auf fünf Zeiten aus und leeren Sie dabei den Bauchraum: 1-2-3-4-5.

Wiederholen Sie diese Sequenz von Einatmen-Halten-Ausatmen, indem Sie jedes Mal eine Zeit hinzufügen. Wenn Sie bei 12 Zeiten angelangt sind, beenden Sie die Übung mit dreimaligem tiefem Ein-und Ausatmen im Bauchraum. Öffnen Sie die Augen. Spüren Sie in sich hinein. Was nehmen Sie wahr? Hat sich etwas verändert?

Beachten Sie: Je länger die Dauer des Atmens ist, desto mehr weiten Sie den Bauchraum und nehmen zunehmend auch den Rückenbereich hinzu. Versuchen Sie unbedingt zu vermeiden, in den Brustraum hinein zu atmen. Erkunden Sie stattdessen mehr und mehr Ihren Rückenbereich, vom Becken aufwärts bis zu den Rippenbögen.

Um aufzustehen, rollen Sie sich zuerst auf die Seite, richten sich dann auf und gehen einige Schritte auf und ab, bevor Sie sich wieder Ihrem Tagwerk zuwenden. Sehen Sie sich wieder um und nehmen Sie wahr, ob sich etwas anders anfühlt.

Selbstbeobachtung:

Spüre ich jetzt einen Unterschied im Körper?

Wie fühlt sich mein Bauch an?

Kann ich meinen Rückenraum spüren?

Wie ist meine geistige Verfassung nach dieser Übung?

2.3. Atemübung 3: Der Elemente-Atem

(frei nach dem Elemente- und Heilatem von Hazrat Inayat Khan)

Der Elemente-Atem wurde von dem großen Musiker und spirituellen Lehrer Hazrat Inayat Khan aus der Sufi-Tradition überliefert. Er besteht aus fünf Teilen und ist am wirkungsvollsten, wenn man ihn in der Natur ausführt, weil man dann den Elementen nahe ist und sie besser spüren kann. Ist das nicht möglich, lässt er sich auch in geschlossenen Räumen durchführen. Der Zeitrahmen der Übung lässt sich den Gegebenheiten anpassen: Minimum pro Element sind fünf Ein- und Ausatemzüge. Empfehlenswert wären vier bis fünf Minuten pro Element. Die Übung lässt sich den ganzen Tag über praktizieren. Ich finde sie jedoch für den Morgen am besten geeignet, da sie wach macht, Körper und Geist zentriert und harmonisiert und das Innen und Außen verbindet. Mit diesem Atem den Tag zu beginnen heißt, eine gute Grundlage für den Tag zu legen.

Beachten Sie: Jedes Element allein ist zwar essenziell für uns Lebewesen, doch wir benötigen alle fünf Elemente, um harmonisch und gesund zu leben. Jedes Element ist in uns vorhanden und jedes Element benötigt die anderen, um fördernd zu wirken. Zum Beispiel würde Wasser allein alles wegschwemmen. Wasser benötigt die Stabilität und Führung des Erdelements. Umgekehrt benötigt Erde sowohl Regen (Wasser) als auch Luft (Sauerstoff), um fruchtbar zu sein.

Unser physischer Körper besteht aus den fünf Hauptelementen, aus denen auch das ganze Universum zusammengesetzt ist. Haut, Fleisch und Knochen weisen Erdeigenschaften auf; Blut, Schweiß und Speichel repräsentieren das Wasserelement. Die Hitze im Körper und das Verdauungsfeuer repräsentieren das Feuerelement. Der Atem und seine innere Arbeit im Kör-

per, die uns zum Strecken und Zusammenziehen befähigt, und die Bewegungskraft, die uns daran hindert, auch nur einen Augenblick reglos zu bleiben, repräsentieren das Luftelement. Das Ätherelement in uns ist das, was unsere Aktivitäten kontrolliert und mit der Zeit alle anderen Elemente aufbraucht. Aus diesem Grunde ist ein Kind aktiver, während ein älterer Mensch ruhig ist und eher zu Trägheit neigt.

– Hazrat Inayat Khan –

Jeder von uns trägt alle Elemente in unterschiedlicher Gewichtung in sich. Ziel ist es, alle Elemente in uns in Einklang zu bringen. Wenn wir diesen Elemente-Atem regelmäßig praktizieren, werden Reinigungsprozesse in uns ausgelöst. Diese Reinigungsprozesse lassen jedoch auch die Schattenseiten in uns zum Vorschein kommen. Werden wir damit konfrontiert, kann das sehr schmerzhaft sein und es ist nicht immer leicht für uns, diese dunkle Seite in uns zu akzeptieren. Lassen Sie sich jedoch davon nicht einschüchtern. Auch hier gilt: Bleiben Sie bei Ihrem Atem. Atmen Sie weiter, atmen Sie durch alle Schmerzen hindurch, bis Wasser, Feuer und Luft vielleicht alle Schlacken davongetragen haben.

Es folgt zunächst eine ausführliche Anleitung. Anschließend gebe ich Ihnen eine Zusammenfassung der einzelnen Atemweisen, damit diese sich leichter einprägen.

Anleitung:

Suchen Sie sich einen angenehmen Platz in der Natur (oder in einem gut durchgelüfteten Raum), wo Sie sich wohlfühlen und Raum um sich haben. Stellen Sie sich mit lockeren Knien und aufrecht gestreckter Wirbelsäule hin. Die Füße sind parallel unter dem Becken ausgerichtet und die Schultern befinden sich über den Beckenknochen. Der Kopf wird wieder leicht durch den goldenen Faden nach oben gezogen, sodass der Hals lang und gestreckt und der Kopf weder nach vorn noch nach hinten geneigt ist.

27

a) Element Erde

Verwurzeln Sie Ihre Füße tief im Boden und atmen Sie durch die Nase ein und aus. Beim Einatmen stellen Sie sich vor, wie der Atem aus der Erde durch die Füße, die Beine und den Rumpf bis zum Kopf hinauf emporsteigt und beim Ausatmen vom Kopf her wieder zur Erde zurückfließt. Die Erde trägt uns in jedem Augenblick unseres Lebens. Sie stellt keine Bedingungen; sie trägt und stützt uns, so wie wir sind.

Stellen Sie sich bei jedem Einatmen vor, wie die Kraft der Erde durch den Atem in Ihre Knochen, Ihre Muskeln und Gelenke nach oben fließt – in die Elemente, die unseren Körper stützen und tragen –, und jeden Teil reinigt und heilt. Beim Ausatmen lassen Sie alles, was Sie nicht mehr benötigen, los und geben es in die Erde zurück. Das Element Erde ist auch mit Dankbarkeit für alles, was wir empfangen, verknüpft: All die kleinen und großen Segnungen des Tages, die wir oft an uns vorübergleiten lassen oder die wir für selbstverständlich halten, erwecken Dankbarkeit in uns, wenn wir uns mit dem Element Erde verbinden.

Wenn Sie die Atmung durch Bewegung unterstreichen möchten, können Sie die Hände mit nach oben zeigenden Handflächen beim Einatmen leicht von unten her anheben, als würden Sie die Erde aufnehmen, und sie beim Ausatmen mit den Handflächen nach unten wieder senken, als würden Sie die Erde wieder an den Boden zurückgeben. Versuchen Sie, die Bewegung nicht mit den Muskeln usw. auszuführen, sondern lassen Sie die Hände gleichsam auf dem Atem schweben!

b) Element Wasser

Weiter fest in der Erde verwurzelt, verbinden Sie sich nun mit dem Element Wasser. Ein Großteil unseres Körpers besteht aus Wasser. Wie das Wasser fließen unsere Körperflüssigkeiten durch uns hindurch und gewährleisten unser Leben. Das Wasser kennt keine Hindernisse. Äußerst flexibel, bahnt es sich immer einen Weg um Hindernisse herum. Atmen Sie durch die Nase ein und durch den Mund aus. Verbinden Sie sich mit der Flexibilität des Wassers.

Stellen Sie sich vor, wie der Atem aus der Erde wie eine Wasserfontäne durch Ihre Flüssigkeitsbahnen emporsteigt, sie dabei durchspült und freiputzt, dann beim Ausatmen wie ein Springbrunnen aus der „Fontanelle" austritt und außen an Ihnen hinabfließt und alles wegspült, was Ihnen hinderlich ist. Lassen Sie alles, dessen Sie nicht mehr bedürfen, weggeschwemmt werden.

Eine mögliche begleitende Geste könnte darin bestehen, die Hände mit aneinandergelegten Handrücken vor dem Körper von unten bis über den Kopf so hoch wie möglich hinaufzuziehen – dem Lauf des aufsteigenden Wassers folgend! –, und über dem Kopf wie eine Blüte zu öffnen und die Fontäne langsam seitlich nach außen mit den Handflächen nach unten „hinabregnen" zu lassen. Versuchen Sie auch hier, die Bewegung nicht zu „tun", sondern sie von Ihrem Atem getragen entstehen zu lassen.

c) Element Feuer

Nun verbinden wir uns mit dem Element Feuer, der Kraft der Transformation, dem schöpferischen Element. Körperlich gesehen verbinden wir uns hier mit unseren Organen, die unablässig Umwandlungsprozesse in uns bewirken. Das Feuer vermag zu verwandeln und die innere Alchemie in Gang zu setzen, uns mit unserem schöpferischen Potential, unserer kreativen Kraft in Kontakt zu bringen. Bei diesem Atem legen wir zum Einatmen die Zunge an den Gaumen, sodass die Zungenspitze den kleinen Wulst kurz vor den oberen Zähnen berührt, und saugen die Luft (wie beim Schlürfen) mit einem zischenden Laut ein. Beim Ausatmen strömt der Atem durch die Nase hinaus. Stellen Sie sich dabei vor, Sie atmeten das Element Feuer von der Erde durch den Körper bis zum Herzzentrum am Brustbein ein und lassen es von dort mit dem Ausatmen vor sich in die Weite wieder zu Boden sinken.

Eine schöne begleitende Geste könnte darin bestehen, die Hände mit aneinandergelegten Handrücken (wie beim Element Wasser) beim Einatmen vor dem Körper mit dem Zischen bis zum Herzen hinaufzuziehen und sie dann vom Herzzentrum aus – dem eigentlichen Ort von Transformation! – wie einen Fächer zu öffnen und mit nach vorn gerichteten offenen Handflächen die Arme langsam nach vorn auszustrecken, so als würde die Kraft aus dem Herzzentrum nach vorn ausstrahlen.

d) Element Luft

Das Element Luft ist das Element, das uns mit allem Lebendigen verbindet. Wir atmen alle dieselbe Luft. Luft ist das Element, das uns immer umgibt, ohne dass wir uns dessen bewusst sind. Ohne Luft können wir nicht atmen, nicht leben.

Das Element Luft verbindet uns mit der Leichtigkeit, mit dem Flug des Geistes und – natürlich mit unserem Atem! Mit der Luft fliegen unsere Sehnsüchte und Träume. Wir spüren, wie uns der Wind leicht berührt, als würde er uns streicheln. Jede Zelle unseres Körpers, jede Pore unserer Hautoberfläche wird von der reinigenden Kraft der Luft erfüllt.

Wir breiten die Arme knapp unter Schulterhöhe aus, lassen die Ellenbogen leicht absinken und vollführen mit dem einströmenden Atem eine leichte Handbewegung von unten nach oben, wobei die Handflächen nach oben weisen. Mit dem ausströmenden Atem drehen wir die Handfläche nach unten und lassen sie ganz leicht absinken. Entspannen Sie sich, während die Bewegung von Ihrem Atem getragen und ausgeführt wird.

e) Element Äther

Das Element Äther ist das alle anderen Elemente harmonisierende Element. Die Atmung ist nun äußerst feinstofflich und kaum hörbar. Stellen Sie sich alle vorangegangenen Elemente in vollendeter Harmonie vor, während Sie sehr sanft und fein durch die Nase oder durch Mund und Nase gleichzeitig ein- und ausatmen.

Da die innere Bewegung überaus fein ist, empfiehlt es sich hier, den Körper ansonsten still zu lassen. Wenn spontan eine Bewegung aus Ihrem Körper heraus entsteht, lassen Sie diese einfach zu. Beeinflussen Sie sie nicht, lassen Sie sie geschehen, ohne sich ein Bild oder eine Vorstellung davon zu machen. Ansonsten stellen Sie sich einfach alle Aspekte in Ihnen in vollkommener Harmonie vor. Sie werden erfahren, dass Sie auf diese Weise eine Grundlage für Heilung und für Erkenntnis schaffen!

Diesen Elementen werden wir im Laufe unserer Reise zur Achtsamkeit immer wieder begegnen.

Zusammenfassung der Atmung beim Elemente-Atem:

1. Element Erde: durch die Nase ein- und ausatmen.

2. Element Wasser: durch die Nase einatmen, durch den Mund ausatmen.

3. Element Feuer: durch den Mund mit an den Gaumen angelegter Zunge zischend einatmen, durch die Nase ausatmen.

4. Element Luft: sanft durch den Mund ein- und ausatmen.

5. Element Äther: sehr fein durch die Nase oder durch Nase und Mund gleichzeitig ein- und ausatmen.

Selbstbeobachtung:

Bei welchem Element fiel mir das Atmen besonders leicht?

Bei welchem Element habe ich Hemmnisse oder Widerstand verspürt?

Besteht da ein Zusammenhang mit Befindlichkeiten und Gegebenheiten im alltäglichen Leben?

◆ ◆ ◆

2.4. Sitzmeditation

Die Sitzmeditation ist eine in nahezu allen spirituellen Traditionen sehr geschätzte Übung. Wenn sie regelmäßig praktiziert wird, kann sie nicht nur zu mehr innerem Frieden und Gelassenheit – und damit auch zu besserer Gesundheit – führen, sondern beim Meditierenden auch tiefe spirituelle Erkenntnisse bewirken. Will man erkennen, wer man wirklich ist, so ist die Sitzmeditation ein kostbares Instrument. Doch so einfach die Übung auch erscheinen mag, sie ist nicht unbedingt leicht. Hat man nämlich erst einmal die Anfangsschwierigkeiten, wie Unkonzentriertheit und Abschweifen, einigermaßen gemeistert, so wartet unser Gehirn mit dem auf, was einer meiner Lehrer so treffend als „Heimkino" bezeichnet hat: Alle möglichen fantastischen Filme über unser Leben laufen nun ab, von Horrorszenarien bis hin zu Heldenepen. In der Regel ist nichts davon echt. Alles nur Theater, Film oder große Erzählkunst. Die Unterscheidung zu treffen, was echt ist und was eingebildet, ist häufig eine recht verzwickte Sache. Und sich womöglich plötzlich mit sich selbst (und nicht mit dem, was man immer gern von sich gedacht hätte) konfrontiert zu sehen, ist ebenfalls keine leichte Übung. Hier lernen wir: Wir sind nicht unsere Gedanken und nicht unsere Gefühle!

Doch ich möchte Sie hier nicht entmutigen, sondern Sie nur darauf vorbereiten, was Sie erwarten kann, wenn Sie intensiver üben. Für den Anfang ist die Sitzmeditation jedoch – wie alle anderen Meditationen – für uns erst einmal ein Medium, durch das wir zu mehr Achtsamkeit für uns und unser Leben gelangen können. Und sie erfordert keine großen Vorbereitungen.

Vorbereitung der Sitzmeditation:

Für die Sitzmeditation ist es gut, sich in einen ungestörten separaten Raum zurückzuziehen. Haben Sie keinen eigenen Raum, in dem Sie sich eine kleine Meditationsnische einrichten können oder wollen, können Sie auch einen sonst wenig benutzten Raum verwenden, wie etwa das Schlafzimmer. Besprechen Sie dies jedoch mit Ihrer Familie und hängen Sie vor der Meditation einen Zettel an die Tür, damit gewährleistet ist, dass Sie ungestört sein werden.

Die Sitzmeditation wird traditionell auf einem dafür geeigneten Sitzkissen, einer kleinen Meditationsbank oder direkt auf dem Boden ausgeführt. Falls es Ihre körperliche Verfassung zulässt, wählen Sie eine Sitzposition auf dem Boden oder Kissen mit gekreuzten Beinen. Die ideale Haltung wäre der Lotos- oder der Halblotossitz aus dem

Hatha-Yoga. Auf jeden Fall sollten Sie für die Dauer der Meditation mit lang gestreckter Wirbelsäule über einen Zeitraum von einigen Minuten ruhig und unbeschwert sitzen können. Wichtig hierbei ist jedoch, dass Sie sich nicht verrenken, sondern dass Sie einen guten Kontakt zum Boden haben und behalten.

Sie können die Meditation auch auf einem ungepolsterten Stuhl ohne Armlehnen oder auf einem Hocker durchführen. Achten Sie auch hierbei darauf, dass Ihre Wirbelsäule nach oben gestreckt ist. Deshalb setzen Sie sich nur auf das vordere Drittel des Stuhls, ohne die Rückenlehne in Anspruch zu nehmen, und stellen beide Füße etwa auf Hüftbreite parallel auf den Boden. Lassen Sie beide Füße sich tief in den Boden verwurzeln – mindestens neun Meter tief!

Ausführung:

Setzen Sie sich aufrecht in Ihre Sitzposition. Strecken Sie die Wirbelsäule nach oben und spüren Sie, wie das Steißbein nach unten gezogen wird, während ein goldener Faden Ihren Kopf am Scheitel nach oben zieht. Achten Sie darauf, den Hals-Nacken-Bereich lang und gestreckt zu lassen, den Kopf weder nach vorn noch nach hinten zu kippen, sondern ihn gerade zu tragen. Legen Sie die Hände mit den Handflächen nach unten locker auf die Oberschenkel, sodass Ihre Arme unbeschwert ruhen können. Wenn Sie möchten, können Sie auch eine Hand wie in eine Schale in die andere legen und die beiden Daumen sich an den Kuppen berühren lassen. Senken Sie die Augenlider und nehmen Sie drei tiefe Atemzüge. Bei jedem Ausatmen spüren Sie, wie Gewicht von Ihren Schultern abfällt, sodass Sie nun mit hochgezogener Wirbelsäule entspannt sitzen.

Konzentrieren Sie sich nun auf Ihren Atem.

Atmen Sie ein,

atmen Sie aus,

atmen Sie ein,

atmen Sie aus …

Tun Sie nichts anderes. Bleiben Sie aufrecht sitzen und atmen Sie ein und aus. Nichts weiter.

33

Lassen Sie die Gedanken, die kommen, einfach wie Wolken vorüberziehen. Schenken Sie ihnen keine Beachtung, wie fantastisch Ihre Wolkengebilde auch sein mögen. Jedes Mal, wenn Sie bemerken, dass Sie nicht hier sind, kehren Sie zum Atem zurück. Atmen Sie ein und aus …

Anfangs werden Sie bemerken, wie sehr Gedanken Sie beschäftigen; manchmal scheinen Sie keine drei Atemzüge machen zu können, ohne sofort wieder „in Gedanken" zu sein. Lassen Sie sich davon nicht entmutigen. Bleiben Sie dabei, seien Sie wach und kehren Sie immer wieder aufs Neue zu Ihrem Atem zurück. Bewerten Sie das nicht, ganz gleich wie gut oder wie schlecht die Übung laufen mag. Kehren Sie immer wieder zum Atem zurück, zum Hier und Jetzt! Wehren Sie sich nicht gegen die Gedanken, schenken Sie ihnen einfach keine Beachtung, widmen Sie ihnen keinerlei Aufmerksamkeit. Lassen Sie sie wie Wolken am blauen Himmel vorüberziehen, ohne Urteile, ohne Bewertungen, ohne Emotionen. Zentrieren Sie sich auf Ihren Atem, auf das Einatmen, auf das Ausatmen.

Anfangs mag das noch mühsam sein, doch seien Sie gewiss, es wird der Augenblick kommen, da es mühelos wird und Sie sich nicht mehr anstrengen müssen und das Gefühl haben, alles gehe von selbst! Und vielleicht ertappen Sie sich sogar dabei, dass Sie sich schon auf die nächste Meditation freuen.

Nach Ablauf von 10 bis 20 Minuten (siehe unten) beenden Sie die Meditation, indem Sie wieder drei tiefe Atemzüge nehmen, die Augen langsam öffnen und in den Raum zurückkehren, in dem Sie sich gerade befinden. Sie können sich auf dem Boden verneigen – vor sich selbst! Dann recken und strecken Sie ein wenig Ihre Glieder, stehen auf und kehren in Ihren Alltag zurück.

Üben Sie zu Beginn etwa 10 Minuten lang. Versuchen Sie, sich mindestens dreimal, besser noch fünfmal in der Woche Zeit und Raum für diese Übung zu schaffen. Es ist nicht wichtig, unbedingt länger zu sitzen, sondern dass Sie es regelmäßig tun.

Nach drei bis vier Wochen des Übens können Sie die Dauer allmählich und schrittweise auf 20 Minuten steigern. Für die Dauer einer Sitzmeditation gibt es im Grunde keine Grenze nach oben, doch geben Sie acht, nicht dem Wettbewerbsdenken zu erliegen, das Ihnen einreden will, eine Stunde sei besser als 20 Minuten. Denn die meisten von uns schaffen es nicht, sich regelmäßig eine ganze Stunde der Übung zu widmen, und schieben die Übung daher immer wieder auf ... Also bleiben Sie gelassen und seien Sie freundlich mit sich selbst: 20 Minuten sind ein toller Zeitrahmen – und regelmäßig 20 Minuten sind besser als gelegentlich mal eine Stunde.

Das Allerwichtigste ist bei jeder Übung, dass Sie regelmäßig üben. Und vergessen Sie dabei nicht, dass es auch Freude machen darf!

2.5. Den Körper aufwecken

Diese Achtsamkeitsübung eignet sich gut zum Tagesbeginn. Sie können Sie sogar im Bett, noch vor dem Aufstehen machen. Recken und strecken Sie sich etwas, legen Sie sich auf den Rücken, den Kopf auf einem kleinen Kissen, und spüren Sie, wie Ihr ganzer Körper entspannt auf der Matratze ruht.

Wenn Sie lieber sitzen, setzen Sie sich, nachdem Sie sich ein wenig gestreckt haben, in aufrechter Meditationshaltung auf ein Kissen oder einen Stuhl.

Nehmen Sie drei tiefe Atemzüge und beginnen Sie dann, Ihren Körper systematisch „aufzuwecken", indem Sie sich Ihres gesamten Körpers, innen wie außen, bewusst werden. Die Stufen können anfangs gröber sein. Werden Sie, wenn Sie etwas mehr Übung haben, immer feiner in Ihrer Wahrnehmung.

Beginnen Sie an einem Punkt über Ihrem Scheitel. Spüren Sie schrittweise den ganzen Körper vom Scheitel bis zu den Zehenspitzen. Wie bei der Meditation gilt: Tun Sie nichts, nehmen Sie lediglich wahr, was ist. Bleiben Sie ruhig und nehmen Sie keinen Einfluss auf Ihre Wahrnehmung. Machen Sie einfach eine Bestandsaufnahme. Wenn Gedanken und Gefühle auftauchen, lassen Sie sie kommen und wieder gehen, wie Wolken am Himmel. Gehen Sie auch nicht auf unangenehme oder angenehme Empfindungen ein oder verweilen bei solchen Bereichen länger als bei anderen. Beobachten Sie nur sich selbst. Seien Sie einfach Zeuge Ihrer selbst.

Hier ein Beispiel:
Spüren Sie Ihren gesamten Körper, während Sie die Aufmerksamkeit auf die einzelnen Bereiche lenken.

Gehen Sie zu den Haarwurzeln, der Kopfhaut, dem Gehirn mit allen Windungen und Nervenbahnen, dem Punkt zwischen den Augenbrauen, dem Hinterkopf, zu den Schläfen, den Augen, dem Raum hinter den Augen, den Ohren, dem Gehörgang, dem Kiefer, den Lippen, der Mundhöhle, den Zähnen, dem Rachenraum, dem Hals, zur Medulla oblongata (dem Punkt am oberen Ende der Wirbelsäule, wo Kopf und Hals ineinander übergehen und der sehr wichtig für einen freien Energiefluss in unserem Körper ist), der Halswirbelsäule, der Kehle.

Weiter zum Rumpf: zum Nacken, zu den Schultern, dem Brustbein, den Rippen, den Schulterblättern, den Lungen, dem Herzen, dem Bauchraum, den inneren Organen (sehr Fortgeschrittene können diese vielleicht sogar differenzieren), zur oberen und mittleren Wirbelsäule, den Schultern, den Oberarmen, den Ellenbogen, den Unterarmen, den Handgelenken, den oberen und unteren Handflächen, zu jedem einzelnen Finger und den Fingerkuppen, den Nägeln, weiter zu den Hüften, den Beckenknochen, der Lendenwirbelsäule mit dem Steißbein, den Geschlechtsorganen, den äußeren und inneren Genitalien, und schließlich zum Gesäß, zum After, zur Innenseite der Oberschenkel, zu den oberen Beinmuskeln, zu den Knien, den Schienbeinen, den Fußgelenken, der Fußoberseite, der Fußsohle, den Zehengelenken, zu jedem einzelnen Zeh, den Nägeln, dem Nagelbett, den Kuppen.

Nachdem Sie die Bestandsaufnahme Ihres Körpers beendet und alle Bereiche aufgeweckt sowie mit drei weiteren tiefen Atemzügen verbunden haben, stehen Sie munter auf und starten wach in den Tag.

Sie können diese Übung auch anwenden, wenn Sie einen müden Punkt haben und sich wieder „erfrischen" möchten.

2.6. Meditation: Sammlung der Kraft

Diese Meditation ist sehr von einem kraftvollen Ort in der Natur abhängig. Daher müssen Sie als Vorbereitung zunächst einen Kraftplatz in der Natur suchen. Wenn Sie nicht selbst einen Garten oder ein größeres Grundstück haben, fahren Sie hinaus ins Grüne und suchen Sie sich eine Stelle, die Sie anspricht und an der Sie eine Weile ungestört sein können. Auch ein erhöhter Standort – wie etwa ein Hochplateau, eine Hügelkuppe, eine Düne oder ein Berg – ist förderlich für diese Meditation. Sie unterstützt Zentrierung und Präsenz sowie die Sammlung der Kraft und deren ökonomische Einteilung. Bei regelmäßiger Übung fördert Sie außerdem den Blick auf das Wesentliche und Verantwortungsbewusstsein. Da dies eine Meditation im Stehen ist, verlangt sie zudem eine gute körperliche Verfassung.

Da bereits das Suchen und Aufspüren eines für Sie kraftvollen Platzes einige Zeit beanspruchen wird, ist der Zeitrahmen der Vorbereitung offen und abhängig davon, wie lange Sie dazu benötigen, Ihren Platz zu finden. Lassen Sie sich Zeit! Bereits das Aufspüren eines eigenen Kraftplatzes ist eine wunderbare Übung, die bestimmt viele neue Erfahrungen und Grundlagen für Ihre weitere Entwicklung in der Achtsamkeit bereithält.

Haben Sie erst einmal Ihren Platz gefunden, benötigen Sie für die Übung selbst ungefähr 15 Minuten.

Anleitung:

Nehmen Sie an Ihrem Platz eine Ausrichtung ein, die es Ihnen erlaubt, möglichst weit zu blicken. Stellen Sie sich mit ein wenig über Hüftknochenbreite geöffneten Beinen auf. Wurzeln Sie die Füße mindestens sieben Meter in die Erde hinein. Die Kniegelenke sind locker gebeugt. Die Arme bleiben entspannt neben dem Körper. Die Wirbelsäule ist wie bei den anderen Übungen durch den goldenen Faden am Scheitel des Kopfes nach oben zum Himmel gestreckt, während sie am Steißbein leicht nach unten gezogen wird. Richten Sie nun Ihren Blick gezielt auf einen Punkt in der Ferne. Lassen Sie diesen Punkt keinen Augenblick aus den Augen. Während Sie den

Blick auf diesen Punkt geheftet halten, atmen Sie durch die Nase ein. Füllen Sie zuerst den Bauchraum und dann den Herzbereich mit dem Atem. Atmen Sie auch durch die Nase wieder aus, wobei der Atem in die Sie umgebende Natur zurückfließt. Bleiben Sie unbeweglich festverwurzelt stehen. Lassen Sie sich durch nichts aus der Ruhe bringen. Lassen Sie auch hier die Gedanken kommen und gehen, wie die Wolken am Himmel. Bleiben Sie mit Ihrem Blick auf dem Punkt am Horizont. Verweilen Sie so ungefähr 15 Minuten lang. Auch wenn es sich anfangs unangenehm anfühlen mag und die Beine vielleicht anfangen zu schmerzen, lassen Sie sich nicht beirren. Bleiben Sie unerschütterlich wie ein Fels stehen. Spüren Sie die Kraft, die Ihnen innewohnt. Mobilisieren Sie diese und bewahren Sie sie gleichzeitig. Bleiben Sie auf den Punkt in der Ferne gesammelt, während Sie sich außerdem auf Ihren Atem konzentrieren.

Zum Beenden der Meditation nehmen Sie drei tiefe Atemzüge und lösen Sie mit dem dritten Ausatmen Ihren Blick von dem fixierten Punkt. Schließen Sie die Beine und strecken und dehnen Sie sich ein wenig.

Da diese Meditation auch innere Visionen fördert, seien Sie wachsam für das, was Sie empfangen haben. Bleiben Sie deshalb im Anschluss an die Meditation noch eine Weile in der Stille und öffnen Sie sich für die Bilder und Eindrücke, die in Ihnen vielleicht aufkommen mögen.

Achten Sie darauf, die gesammelte Kraft zu bewahren und sie nicht gleich wieder zu zerstreuen, etwa durch Reden, Eilen oder Unterhaltung.

Selbstbeobachtung:

Was habe ich wahrgenommen – in mir?

Was habe ich wahrgenommen – außerhalb von mir?

Wo war ich?

Habe ich etwas „gesehen"?

Was „sagt" mir diese Erfahrung?

Wie kann ich die Erfahrung in meinen Alltag integrieren?

KAPITEL 3

Einen Schritt nach dem anderen gehen

Nachdem Sie nun die ersten Atemübungen gemeistert haben, fügen wir eine einfache körperliche Bewegung hinzu. Wir stehen jeden Tag auf und gehen. Aber wissen wir eigentlich auch, was wir da tun?

Das Gehen ist eine einfache und zugleich sehr komplexe Bewegung, die uns in der Regel nicht bewusst ist. Wer einmal Tanzschritte oder Nordic Walking lernen wollte, bei denen eine zu den Beinen gegenläufige Armbewegung stattfinden sollte, wird wissen, wovon ich spreche. Denn auch wenn wir diese natürliche Ausgleichsbewegung der Arme täglich beim Gehen ausführen, hat die bewusste Umsetzung dieser Bewegung zunächst oft zur Folge, dass wir verwirrt oder gar frustriert sind, weil wir das, was wir täglich unwissentlich tun, nun plötzlich bewusst ausführen.

Etwas bewusst zu tun bedeutet für viele von uns, es mit dem Verstand zu tun. Doch genau darum soll es hier nicht gehen, denn der Verstand konstruiert eine Bewegung, kann sie aber nicht harmonisch in den Gesamtablauf integrieren. Folgen wir jedoch unserem Körper – ein wahres Wunderwerk der Natur! –, lernen wir, ihm und seiner Weisheit zu vertrauen und damit auch unseren Geist zu wecken, der durch das vorlaute Geschwätz unseres Verstands oft in den Hintergrund gedrängt wird. Durch eine regelmäßige, rhythmisch monotone Bewegung, wie zum Beispiel das Gehen, können wir unseren unablässig aktiven Verstand beruhigen und somit auch unseren Geist in den Vordergrund treten lassen sowie unseren ganzen Körper entspannen. Bei regelmäßiger Übung geschieht es nicht selten, dass sich plötzlich kreative Quellen auftun, an die wir zuvor höchstens im Traum gedacht haben. Außerdem bildet der Akt des Gehens die Basis für eine ganze Reihe weiterführender Übungen.

3.1. Gang 1: Einen Schritt nach dem anderen

Sie benötigen: einen Raum oder Ort mit ebenem Boden und mindestens drei Meter frei begehbarer Fläche.

Vorbereitung:

Stellen Sie sich aufrecht hin, lassen Sie Ihre Wirbelsäule von einem goldenen Faden am Scheitel leicht nach oben strecken und lockern Sie die Kniegelenke, sodass sie leicht gebeugt sind. Achten Sie darauf, dass das Becken über Ihren Füßen und die Schultern genau über dem Becken platziert sind. Mithilfe dreier tiefer Atemzüge entspannen Sie den Hals-Nacken-Bereich.

Spüren Sie zuerst, an welchen Stellen der rechte und der linke Fuß den Boden berühren.

Ist Ihr Gewicht gleichmäßig auf beiden Füßen verteilt, oder liegt mehr Last auf der rechten oder linken Seite?

Wo liegt der Hauptschwerpunkt Ihrer Fußsohlen? In der Mitte? Eher vorn oder eher hinten?

Nehmen Sie all diese Entdeckungen einfach nur zur Kenntnis, verändern Sie nichts.

Heben Sie nun so langsam wie möglich, ohne umzufallen, einen Fuß Ihrer Wahl, um den ersten Schritt zu tun. Was geschieht in Ihrem Körper? Wie balancieren Sie das Gewicht nun auf einem Bein?

Wenn Sie diesen Fuß wieder auf den Boden aufsetzen, achten Sie darauf, welcher Teil des Fußes zuerst den Boden berührt. Rollen Sie den Fuß ganz und gar ab, oder setzen Sie ihn in einem Stück flach auf?

Beim Übertragen des Gewichts, um den nächsten Schritt vorzubereiten, können Sie da die Zehen spüren? Können Sie auch wahrnehmen, welche Muskeln im Oberkörper an diesem Schritt beteiligt sind?

Achten Sie bei der Gewichtsverlagerung von einem Fuß auf den anderen auch auf die Gewichtung des zuvor belasteten Fußes. Welche Bereiche der Fußsohle können Sie fühlen?

Lösen Sie nun den zuvor belasteten Fuß vom Boden und setzen Sie ihn so langsam wie möglich vor sich wieder auf.

Wiederholen Sie dieses langsame Gehen für 12 bis 20 Schritte. Erfahren Sie bei jedem Schritt mehr über die Einzelheiten des Ablaufs in Ihrem Körper. Sollten Sie große Schwierigkeiten damit haben, das Gleichgewicht zu halten, achten Sie auf die Blickrichtung Ihrer Augen: Sehen Sie nicht auf den Boden oder nach oben, sondern geradeaus. Suchen Sie sich einen Punkt oder ein Objekt in Augenhöhe, und daran „halten Sie sich mit den Augen fest". Sie werden sehen, wie leicht Ihnen die Übung nun fällt.

Bewahren Sie im Anschluss an die Übung noch eine Weile die Stille und spüren Sie nach.

Selbstbeobachtung:

Wie fühlt sich mein rechter Fuß an?

Wie fühlt sich mein linker Fuß an?

Sind beide Beine in Harmonie miteinander?

Gibt es ein Ungleichgewicht?

Gibt es ein Ungleichgewicht in meinem Leben, das mit dem eben erfahrenen korrespondiert?

In welchem Bereich meines Lebens wäre es hilfreich, einen Schritt nach dem anderen zu tun?

Üben Sie dieses langsame Gehen, einen Schritt nach dem anderen, möglichst jeden Tag mindestens 14 Tage lang. Finden Sie einen Zeitpunkt in Ihrem Tagesablauf, der Ihnen für die Dauer von ca. 5

bis 10 Minuten die Gelegenheit bietet, dieses Voranschreiten in Ihr Leben zu integrieren.

Die Langsamkeit und Bewusstwerdung der Bewegung schaffen Abstand zu unserer gegenwärtigen Situation und ermöglichen eine neue, entspanntere und kreative Perspektive auf unser Leben.

Diese Übung eignet sich außerdem hervorragend als Bestandteil einer Übungssequenz für ältere Menschen, die ihren Gleichgewichts-sinn und die innere und äußere Balance trainieren möchten.

Sie müssen die Übung nicht allein machen. Laden Sie gern andere ein, sie mit Ihnen zusammen zu üben. Das macht Spaß und Lachen ist sehr willkommen.

Selbstbeobachtung:

Was treibt mich an?

Wovor laufe ich davon?

Welche Empfindungen habe ich bei der Bedächtigkeit der Bewegung?

Ist eine Seite stärker belastet als die andere?

3.2. Gang 2: Rhythmisches Gehen

Diese Übung baut auf der oben beschriebenen ersten Geh-Übung auf und lässt sich am besten draußen und wenn möglich in freier Natur ausführen. Sollte das nicht möglich sein, eignet sich auch ein größerer Saal oder Trainingsraum von mindestens 100 Quadratme-tern, in dem man im Kreis gehen kann.

Vorbereitung:

Wie oben, bei *Gang 1,* beschrieben.

Nehmen Sie drei tiefe Atemzüge und versuchen Sie mit jedem Ausatmen, den Schulter-Nacken-Bereich mehr zu entspannen.

Beginnen Sie nun einen gemächlichen Gang. Gehen Sie schneller und flüssiger als bei der ersten Übung, aber nicht eilig oder hastig, wie Sie es sonst vielleicht zu tun pflegen. Gehen Sie etwa so wie bei einem Sonntagsspaziergang mit viel Zeit bei schönstem Frühlings- oder Sommerwetter.

3.2.1. Gang A: Das Ja und Nein des Lebens

Unsere beiden Körperseiten sind komplementär, sich ergänzend angelegt, wie man das von dem berühmten Symbol Yin und Yang kennt.

Jedem Wesen wohnen ein Yin-Anteil, der häufig als die weibliche Seite angesehen wird, und ein Yang-Anteil, die sogenannte männliche Seite, inne. Das Weibliche und das Männliche werden in diesem Zusammenhang nicht geschlechtlich verstanden, sondern energetisch. Wie man an dem Symbol sieht, ist in jedem Yang etwas Yin (der Punkt) enthalten und in jedem Yin etwas Yang. Yin und Yang sind wie die zwei Seiten einer Medaille. Aus der Gehirnforschung wissen wir, dass die beiden Gehirnhemisphären für unterschiedliche Bereiche unserer körperlichen und geistigen Funktionen verantwortlich sind. Entsprechend bilden auch unsere Füße und Beine zwei Hälften einer Einheit. Licht und Schatten, Schwarz und Weiß, Ja und Nein – sie bestimmen unser Leben.

Nachdem wir uns unseren Gang in der ersten Übung bewusst gemacht haben, wollen wir nun einen Schritt weiter gehen und verschiedene Aspekte unserer zwei Seiten beim Gehen erkunden.

Bereiten Sie sich wie oben angegeben vor.

TEIL 1: Gehen Sie nun in einem Tempo, das Ihrem Temperament in diesem Augenblick entspricht. Achten Sie bei jedem Schritt auf die Schwingbewegung Ihrer Arme. Achten Sie jedoch darauf, diese nicht zu beeinflussen. Überlassen Sie Ihrem Körper die Führung der Bewegung, sobald Sie den Gang begonnen haben (sonst geht es Ihnen womöglich wie dem vielzitierten Tausendfüßler, den man fragt, mit welchem Bein er zuerst losgehe).

Beginnen Sie den Gang mit dem rechten oder linken Fuß – wie es Ihnen beliebt. Gehen Sie und sprechen Sie beim ersten Schritt *Ja*, beim zweiten Schritt *Nein*, beim ersten Schritt *Ja*, beim zweiten Schritt *Nein* … Konzentrieren Sie sich vollkommen auf das Gehen und auf das Ja und das Nein. Üben Sie einige Minuten.

TEIL 2: Nun fahren Sie mit der Übung wie in Teil 1 beschrieben fort und fügen den Atem hinzu. Je nach Ihrem Gangtempo atmen Sie

über zwei Schritte (langsames Tempo) –	ein
und über zwei Schritte –	aus
über vier Schritte (mittleres Tempo) –	ein
über vier Schritte –	aus
über acht Schritte (schnelles Tempo) –	ein
über acht Schritte –	aus.

Halten Sie nach 5 bis 7 Minuten inne. Bleiben Sie stehen, verwurzeln Sie beide Füße in den Boden und schließen Sie die Augen. Atmen Sie dreimal tief ein und aus.

Was spüren Sie?

Hat sich etwas verändert? Wenn ja, was hat sich verändert?

TEIL 3: Vorbereitung wie in Teil 1 angegeben

Wiederholen Sie Teil 2 von *Gang 2A*, aber beginnen Sie jetzt mit dem anderen Fuß. Das heißt, das Ja und das Nein liegen nun auf dem jeweils anderen Fuß.

Selbstbeobachtung:

Wie fühlt sich das an?

Gibt es Widerstände in mir?

Wozu sage ich Ja?

Wozu sage ich Nein?

Erstellen Sie schriftlich eine Liste der Dinge, zu denen Sie Ja und zu denen Sie Nein sagen. Heben Sie sie anschließend gut auf, um sie später mit anderen Listen zu vergleichen. Dadurch können Sie erkennen, ob und was sich bei Ihnen verändert hat.

3.2.2. Gang B: Fortgeschrittene Variante von Gang A

Wenn Sie sich in einer spirituellen Schulung befinden oder ein Mantra, Wazifa oder Gebet praktizieren, können Sie den Ja-und-Nein-Gang nach Rücksprache mit Ihrer Lehrerin oder Ihrem Lehrer auch rhythmisch mit den jeweiligen Silben oder Worten ausführen.

Beispiel: Das Mantra *Om na ma shi va ya* aus der hinduistischen Tradition lässt sich auf sechs Schritte verteilen.

Sie können Ihr Gebet oder Mantra auch mit Armbewegungen unterstreichen, die spontan bei Ihnen entstehen. Bringen Sie die heiligen Worte in den Körper, verkörpern Sie sie. Doch vergessen Sie darüber nicht den Akt des Gehens!

3.3. Gehmeditation

Unser Gehen wird zu einer Achtsamkeitsmeditation, wenn wir bei jedem Schritt gewahr sind, dass wir gehen. Wir überlassen unserem Körper die Führung über das Gehen, gehen bewusst und achtsam, ohne uns ablenken zu lassen. Während des sich stetig wiederholenden Bewegungsablaufs des Gehens konzentrieren wir uns auf unseren Atem, atmen ein und atmen genauso lange aus, atmen ein und lassen den Atem wieder aus unserem Körper los. Wenn wir merken, dass unsere Gedanken wieder abgeschweift sind, kehren wir zu der Bewegung des Atmens und der des Gehens zurück. Diese Meditation eignet sich sehr gut dafür, um leer zu werden, den Kopf freizubekommen und dem Körper wieder einen wohltuenden Rhythmus zu geben. Außerdem entspannt sie hervorragend den Wirbelsäulen- und Rückenbereich, wenn man zum Beispiel zu lange Zeit am Schreibtisch oder am Computer verbracht hat.

Am Anfang ist es gut, ein mittleres Tempo einzuschlagen, doch experimentieren Sie gern mit dem Tempo, bis Sie vielleicht Ihr Ihnen eigenes Tempo gefunden haben. Das Wichtigste ist jedoch, bei sich und präsent für das zu bleiben, was ist. Während der ersten Wochen empfehle ich, diese Meditation im Freien und einem ungestörten Rahmen zu üben.

Fließt die Meditation dann leicht und mühelos, können Sie auch versuchen, in belebteren Bereichen zu üben – und schließlich in der gleichen Geisteshaltung jeden Ihrer Gänge ausführen.

3.4. Gehmeditation mit dem Elemente-Atem (für Fortgeschrittene)

Bei dieser Übung verbinden wir den im vorigen Kapitel erlernten *Elemente-Atem* (2.3) mit dem *Rhythmischen Gehen*. Das erfordert nicht nur eine größere Konzentration, sondern auch eine stärkere Koordination. Dieser Gang bewirkt eine tiefe innere Reinigung und Zentrierung sowie Klärung. Wenn es irgend möglich ist, sollte er in der freien Natur auf Wegen praktiziert werden, die relativ eben sind, damit größere Steigungen oder viele Unebenheiten und Steine nicht zu viel Aufmerksamkeit von der Übung abziehen und den Atem unregelmäßig werden lassen.

Wir praktizieren den *Elemente-Atem* genauso wie zuvor im Stehen, nur dass wir jetzt dabei in einem gleichmäßigen Rhythmus atmen und gehen. Ich persönlich atme am liebsten über vier Schritte jeweils ein und über vier Schritte aus oder aber über jeweils sechs Schritte ein und aus. (Für die musikalisch Versierten bedeutet dies, entweder in einem Vierviertel- oder Sechsachteltakt zu gehen und zu atmen. In diesem Zusammenhang finde ich es interessant, dass sich in der so ausgleichenden und heiteren Barockmusik häufig der Sechsachteltakt findet.) Führen Sie mindestens jeweils 5-mal acht Schritte pro Element aus. Bei einem längeren Spaziergang erweitern Sie die Häufigkeit des jeweiligen Elemente-Atems auf eine beliebige

Anzahl. Achten Sie nur darauf, dass alle Elemente einigermaßen gleichmäßig geatmet werden. Zum Beispiel sind 11- bis 12-mal acht Schritte für jedes Element eine runde und überschaubare Zahl. Doch seien Sie nicht bürokratisch: Ein Atemzug mehr oder weniger wird niemandem schaden. Und für jedes Element präsent und konzentriert, ohne Ablenkung, jeweils fünf Atemzüge zu gehen und zu atmen stellt bereits eine gewisse Herausforderung dar. Wenn Sie in der Lage sind, pro Element 5-mal je vier Schritte einzuatmen und vier auszuatmen, ohne dass Ihre Gedanken abschweifen, dann können Sie sich beglückwünschen.

Wenn Ihre Bewusstheit bereits gut entfaltet ist und Sie erkennen können, was Sie wirklich brauchen, können Sie auch ein Element betonen oder, wenn nötig, allein anwenden, um ein Ungleichgewicht zu beheben.

Diese Übung sollten Sie erst dann angehen, wenn Sie den *Elemente-Atem* und das *Rhythmische Gehen* verinnerlicht haben. Denn sonst sind Sie noch zu sehr mit der Ausführung und Reihenfolge beschäftigt, sodass Ihnen die eigentlichen Wohltaten dieser Übung entschlüpfen.

3.5. Gang: Sammlung von Kraft

Dieser Gang besitzt eine die Kraft stark bündelnde und generierende Qualität. Außerdem ist er dazu geeignet, bei einem Überschuss an Anspannung die Energie wieder ausgewogen im System zu verteilen und in Fluss zu bringen. Denn häufig halten wir bei Anspannung zu viel Energie an einer Stelle fest und schwächen dadurch die übrigen Partien unseres komplexen Gefüges. Durch diesen Gang lassen sich Spannungen und Verkrampfungen lösen und die freigesetzte Kraft kann wieder den Bereichen zugeführt werden, die sie brauchen.

Auch diesen Gang sollte man am besten in der freien Natur ausführen, da diese an sich schon eine Kraftquelle darstellt, doch mit einiger Übung lässt er sich auch im Großstadtdschungel praktizieren. Da er Ausdauer und Disziplin sowie Beharrlichkeit fördert, eignet er sich auch hervorragend bei längeren Wanderungen oder Wegstrecken – im buchstäblichen wie im übertragenen Sinne.

Ausführung:

Bilden Sie mit beiden Händen jeweils einen Kreis, indem Sie das obere Drittel des Daumens locker über die Fingerkuppen der nebeneinander liegenden Zeige- und Mittelfinger legen. Dadurch entsteht ein kleines energetisches Feld. Legen Sie nun die Zunge so hoch an den Gaumen, dass sie den „Wulst" hinter den Zähnen nicht mehr berührt und einen kleinen Halbkreis formt.

In dieser Haltung gehen Sie wie beim Ja-und-Nein-Gang forsch mindestens 15 Minuten lang; der Dauer ist jedoch keine Grenze gesetzt. Vielleicht können Sie bei längerem Üben feststellen, dass Sie nun weit längere Strecken müheloser zurücklegen, wacher sind und sich lebendiger fühlen.

3.6. Jazzy Walk

Dieser Gang ist ein munterer Gang, der mindestens zehn Minuten praktiziert werden darf, gern jedoch auch länger. Er bewirkt eine Lockerung von Verspannungen im Rücken, vor allem im Bereich der Lendenwirbelsäule, aber auch im Schulter-Nacken-Bereich. Er stärkt die Muskulatur direkt unter dem Gesäß und kann bei längerfristigem Üben auch einen knackigen Hintern verleihen. Eine weitere nette Nebenwirkung ist, dass sich die Laune meistens erheblich bessert und er so Depressionen entgegenwirkt.

Man kann diesen Gang gut in einen Spaziergang auf ebenem Terrain integrieren und ihn auch mit Nordic-Walking-Stöcken ausüben. Bitte lassen Sie sich nicht dadurch beirren, dass dieser Gang für einen außenstehenden Betrachter vielleicht etwas seltsam aussieht. Bedenken Sie, wie flüchtig Gedanken sind. Falls jemand Sie befremdet ansieht, wenn Sie diesen Gang üben, wird er es schon im nächsten Augenblick wieder vergessen haben! Das, was andere denken, ist meist so flüchtig wie unsere eigenen Gedanken, die kommen und gehen wie die Wolken am Himmel. Schenken Sie ihnen also keine Beachtung.

Anleitung:

Bei diesem Gang kommt der Impuls für jeden Schritt aus der Hüfte; das heißt, Sie schieben die Hüfte für jeden Schritt leicht nach vorn, sodass der Fuß ihrer Bewegung folgt. Für den rechten Fuß beginnen Sie mit der rechten Hüfte, für den linken mit der linken Hüfte. Durch diese Vorwärtsbewegung der Hüfte wird gleichzeitig das aktiviert, was ich den „Unterpo-Antrieb" nenne: Die direkt unter dem Gesäß liegenden Muskeln und Bänder unterstützen diese Hüftbewegung und trainieren dadurch die Innenmuskeln der Oberschenkel, was zu einer leichten Streckung der Beine führt. Die Aktivierung dieser Bereiche wird zudem dadurch unterstützt, dass wir auf einer geraden Linie vor uns gehen, also die Füße genau voreinander setzen – so ähnlich wie die Mannequins auf dem Catwalk.

Lassen Sie die Arme locker auf natürliche Weise mitschwingen, das heißt, gegenläufig zu den Beinen. Denken Sie nicht darüber nach! Überlassen Sie Ihrem Körper die Führung. Er weiß schon, was zu tun ist.

Wenn Ihnen der *Jazzy Walk* in Fleisch und Blut übergegangen ist, lassen Sie die Schulterbereiche bei den Armbewegungen etwas mehr mitschwingen, sodass Sie eine leichte Rotationsbewegung im Oberkörper in die Gegenrichtung der Rotation des Unterkörpers vollführen. Wenn Sie gern Nordic-Walking-Stöcke benutzen, können Sie die Rotation durch eine verstärkte seitliche Bewegung des Oberkörpers unterstreichen. Aber forcieren Sie nichts! Wichtig ist, dass Ihr Körper Sie leitet. Dann laufen Sie auch nicht Gefahr, sich zu verletzen. Nur wenn wir versuchen, mit unserem Verstand, aus dem Kopf heraus, Bewegungen zu konstruieren, sind sie nicht organisch und bergen die Gefahr, dass wir uns wehtun oder die körperlichen Grenzen nicht achten. Vertrauen Sie also Ihrem Körper. Sie werden sehen: Es macht viel Spaß!

◆ ◆ ◆

Zeit für eine Geschichte:

„Immer wieder bin ich aufs Neue erstaunt, wie wunderbar die Welt eingerichtet ist", sprach Mullah Nasruddin zu seiner Frau.

„Wie meinst du das?", fragte sie.

„Na, zum Beispiel die Kamele. Was glaubst du, warum die keine Flügel haben?"

„Keine Ahnung", wunderte sich seine Frau.

„Das ist doch ganz klar", verkündete Nasruddin. „Wenn Kamele Flügel hätten, würden sie auf unserem Dach herumtrampeln, von dort ihr Wiedergekäutes auf uns herabspucken und uns aufs Dach scheißen!"

KAPITEL 4

Die Flügel im Raum ausbreiten

Meistens sehen wir den Raum vor uns, hören den Raum seitlich von uns, aber kennen wir den Raum hinter uns?

Der Raum hinter uns ist der Bereich, in dem wir unsere Flügel entfalten können, aber auch der Raum, der uns stützt sowie Sicherheit und Geborgenheit vermittelt.

Sicher kennen Sie den Ausdruck „Mit dem Rücken an der Wand stehen". Dieser bezeichnet genau das Gegenteil von dem Vermögen, seine Flügel auszubreiten: nämlich eine Situation, in der wir weder vor noch zurück können. Daher ist es wichtig für uns, des Raumes hinter uns ebenso gewahr zu sein wie der anderen Bereiche. Dieses Gewahrsein des Raumes als Ganzes ist eng verbunden mit der Präsenz, die wir haben. Dabei geht es nicht nur um die körperliche Präsenz, sondern die Präsenz, die aus dem „Ganz-Sein" entspringt. Wenn Sie wirklich vollkommen Sie selbst sind, dann sind Sie präsent. Sie sind da, hier und jetzt, präsent im Augenblick. Präsent zu sein heißt, eine vielgerichtete Aufmerksamkeit zu haben. Dabei nehmen Sie eine andere Wahrnehmungsebene ein. Ohne etwas zu tun, können Sie den ganzen Raum wahrnehmen und auf ihn einwirken. Vorausgesetzt, Sie können in die Stille gehen und haben gelernt, den Verstand achtsam zu beruhigen.

4.1. Den Raum erfahren

Bevor wir in den Raum hineinspüren, beginnen wir zuerst wieder einmal bei uns selbst. Hier eine kleine Übung, die Ihnen hilft, sich Ihres Rückenbereichs bewusst zu werden, bevor wir den Erfahrungsbereich ausdehnen.

4.1.1. Übung A: Die Flügel spüren

Stellen Sie sich mit auf Hüftbreite geöffneten Beinen mitten in einen gut gelüfteten geschlossenen Raum. Die Füße sind fest in den Boden hinein verwurzelt. Die Knie sind leicht und locker gebeugt und die Wirbelsäule wird durch den goldenen Faden am Scheitel unseres Kopfes nach oben gestreckt.

Strecken Sie nun beide Arme waagerecht zu den Seiten aus und spüren Sie, wie an jedem Mittelfinger ein goldener Faden die Arme sanft nach außen zieht. Wenn Sie den Bereich der Schulterblätter gut spüren, haben Sie den rechten Punkt gefunden. Führen Sie nun winzige Kreise mit den Armen aus: vor – hoch – nach hinten – hinunter. Es ist ein sehr feines Kreisen in der Waagerechten – noch viel kleiner als das Rütteln eines Falken. Währenddessen zieht der goldene Faden die Arme die ganze Zeit über sanft nach außen. Atmen Sie dabei in Ihr Herzzentrum.

Beenden Sie die Übung, indem Sie zuerst den linken Flügel über das Herz um sich legen, sodass die linke Hand auf Ihrer rechten Schulter ruht; dann falten Sie den rechten Flügel darüber, sodass die rechte Hand auf Ihrer linken Schulter liegt. Atmen Sie so „umflügelt" 12-mal sanft in Ihr Herz, während Sie den Kopf leicht zum Herzen hin neigen.

Beginnen Sie mit 12-maligem Kreisen und steigern Sie die Anzahl mit der Zeit auf 25- bis 30-mal.

Breiten Sie Ihre Schwingen mit jedem Mal weiter aus!

Selbstbeobachtung:
   Wie fühlt sich die Übung an?

Wie fühlen sich die Flügel an?

Haben sie eine Farbe?

Wie groß sind sie?

Was möchte ich mit den Flügeln tun?

4.1.2. Übung B: Den Raum spüren

Stellen Sie sich aufrecht in einen freien Raum, in dem Sie mindestens drei Meter um sich herum für die ungehinderte Spannweite Ihrer Flügel haben können, ohne an etwas zu stoßen. (Das kann auch eine Gartenterrasse oder ein großer Balkon sein.) Der Boden sollte absolut eben sein. Legen Sie beide Hände auf das Herz und atmen Sie in Ihr Herz hinein. Sammeln Sie sich auf diese Weise im Herzen. Spüren Sie den Rhythmus Ihres Herzschlags.

Blicken Sie mit gesenkten Lidern auf Ihr Herzzentrum, während Sie weiter dorthin atmen. Jetzt beginnen Sie, sich sehr langsam nach links um die eigene Achse zu drehen. Halten Sie dabei den Blick, den Atem und die Hände immer auf das Herz gesammelt. Drehen Sie sich weiter und bleiben Sie auf das Herz zentriert. Es ist wichtig, diese Zentrierung auf das Herz beizubehalten, da wir so das Gleichgewicht bewahren.

Wenn Sie spüren, dass Ihnen schwindelig wird, hören Sie langsam auf: Abruptes Stoppen kann zum Straucheln führen und ist daher nicht ratsam. Bleiben Sie noch für die Dauer von fünf Atemzügen ins Herz ruhig stehen und beenden Sie die Übung, indem Sie die Hände vom Herzen am Körper hinabstreifen lassen und mit den Handflächen nach unten gerichtet leicht öffnen.

Selbstbeobachtung:

Wie fühlt sich das in meinem Inneren an?

Welche Gedanken sind aufgestiegen?

Wie habe ich den Herzschlag wahrgenommen?

Wie empfand ich den Raum um mich herum?

4.2. Die Öffnung des Raumes

Für die Öffnung des Raumes nutzen wir jetzt wieder unseren Atem in Verbindung mit dem Körper und einer Visualisierung.

4.2.1. Übung A: Blütenatmung

Vorbemerkung:

Die *Blütenatmung* kam vor vielen Jahren zu mir, als ich mich mit den Chakras beschäftigte und gleichzeitig danach strebte, den Menschen, die zu mir in den Ballettunterricht kamen, zu einer aufrechten, dabei aber im Rücken entspannten Haltung zu verhelfen. Außerdem fördert sie das Raumgefühl im Rücken, öffnet den so selten genutzten Atemraum im Rücken. Später erst lernte ich, dass die drei „Blüten" den wichtigsten Atemzentren entsprechen. Diese Übung hat sich seit über 25 Jahren zur schnellen und tiefen Entspannung von Geist und Körper bewährt. Manche Übende schlafen dabei schon nach wenigen Momenten ein – das macht nichts: Die Übung wirkt trotzdem – schlafen Sie ruhig …

Für die Übung benötigt man ca. 12 bis 15 Minuten. Man kann außerdem eine sehr ruhige Musik als Grundschwingung im Hintergrund laufen lassen (siehe Liste der Musikvorschläge im Anhang). Um nicht immer ins Buch sehen zu müssen, können Sie sich die Anweisungen auch langsam und mit langen Pausen zwischen den Anweisungen vorlesen und als Audioaufnahme aufnehmen und während der Übung abspielen.

Geben Sie sich zwischen den einzelnen Anweisungen immer genügend Zeit zur Umsetzung.

Legen Sie sich in Rückenlage auf den Boden oder auf eine dünne Matte. Schließen Sie die Augen.

I.

a) Nehmen Sie drei tiefe Atemzüge und lassen Sie sich bei jedem Ausatmen tiefer in den Boden hineinsinken.

b) Lassen Sie Ihre Fersen in den Boden sinken … die Waden schwer werden … die Oberschenkel locker fallen … das Gesäß breit in den Boden sinken … den mittleren Rücken … den oberen Rücken … die Schultern … die Oberarme … Unterarme … Teile der Hände … und schließlich den Kopf in den Boden sinken … Entspannen Sie auch den Raum hinter den Augen. Lassen Sie die dabei Augen geschlossen.

II.

Spüren Sie, wie Ihr Körper bei jedem Ausatmen tiefer in den Boden sinkt.

Nehmen Sie sich einige Augenblicke Zeit, um dies wirklich zu erfahren.

a) Wenn Sie das nächste Mal einatmen, öffnen Sie eine große Blüte (zum Beispiel eine Sonnenblume oder Lotosblüte) in Ihrem Hals-Nacken-Bereich. Lassen Sie die Blüte sich bei jedem Einatmen langsam weiter entfalten, weiter ausdehnen … zu den Seiten hin und in den Boden hinein … und lassen Sie den Atem beim Ausatmen durch den Hals, den Kopf, durch den Scheitel zur Decke hinaus ausströmen … Achten Sie darauf, die Schultern beim Einatmen entspannt zu lassen und nicht anzuheben.

Wiederholen Sie diesen Vorgang viermal.

b) Wenn Sie das nächste Mal einatmen, öffnen Sie eine große Blüte zwischen den Schulterblättern hinter dem Herzen (dort, wo bei den Frauen der BH-Verschluss sitzt!). Öffnen Sie die wunderschöne Blüte mit jedem Einatmen immer weiter, dehnen Sie sie zu den Seiten und in den Boden hinein immer weiter aus … und lassen Sie die Luft beim Ausatmen durch Ihren ganzen Brustraum, durch die lockeren Schultern, die Ellenbogen, die Handgelenke, durch die Hände zu den Fingerspitzen hinausfließen … Die Schultern werden nicht angehoben. Dehnen Sie Ihren Brustraum mit jedem Atemzug weiter aus …

Achten Sie auch darauf, den Brustkorb nicht vom Boden abzuheben, sondern vielmehr den Raum im Rücken zu spüren.

55

Wiederholen Sie auch diesen Teil noch viermal.

c) Wenn Sie das nächste Mal einatmen, öffnen Sie eine dritte strahlende Blüte in Ihrem unteren Lendenwirbelbereich, etwas über dem Steißbein. Öffnen Sie auch diese Blüte mit jedem Einatmen immer weiter, dehnen Sie sie aus, lassen Sie sie sich immer mehr entfalten, zu den Seiten hin und immer tiefer in den Boden hinein … und wenn Sie ausatmen, lassen Sie Ihren Atem durch den weichen weiten Bauchraum, durch die lockeren Hüftgelenke, die entspannten Knie, die Fußgelenke durch die Füße und Zehen nach unten ausströmen … Spüren Sie, wie Ihr Becken sich bei jedem Einatmen weiter ausbreitet und in den Boden sinkt.

Atmen Sie diese Blüte fünfmal.

III.

Wenn Sie das nächste Mal einatmen, öffnen Sie alle drei wunderschönen Blüten gleichzeitig – dehnen Sie sie zu den Seiten hin und in den Boden hinein noch etwas mehr aus. Wenn Sie ausatmen, lassen Sie die Luft durch den Hals-Nacken-Bereich über Hals und Kopf nach oben, durch den großen, strahlend weiten Brustraum, die Schultern, Ellenbogen, Hände nach außen und durch den weichen weiten Bauchraum, durch lockere Hüften, Knie, Füße nach unten fließen.

Wiederholen Sie dies fünf- bis siebenmal.

IV.

Spüren Sie noch einmal Ihren gesamten Körper im Boden … Nehmen Sie einen tiefen Atemzug, öffnen Sie nun die Augen und recken und strecken Sie sich …

Wenn Sie wieder vollkommen in dem Raum angekommen sind, in dem Sie sich befinden, rollen Sie sich auf die Seite und stehen Sie auf.

Gehen Sie jetzt noch einige Schritte im Raum umher und spüren Sie den Raum hinter Ihrem Rücken. Vielleicht können Sie nun sogar Ihre Flügel wahrnehmen?

Selbstbeobachtung:

Wo stand ich vorher im Raum und wo stehe ich jetzt im Raum?

Gibt es etwas, das ich mit meinen „Fühlern" im Rücken ertasten kann?

Wie viel Raum nehme ich mir?

Habe ich genug Raum, um mich entfalten zu können?

Was fehlt mir möglicherweise, um diesen Raum zu schaffen?

4.2.2. Übung B: Den Raum durchfliegen

Führen Sie die Übung des langsamen Drehens aus, die in 4.1., Übung B beschrieben wird. Wenn Sie sich gut im Herzen zentriert fühlen, beginnen Sie damit, beim Drehen Ihre Schwingen auszubreiten, indem Sie die Arme zuerst von den Ellenbogen anheben, während die Hände noch „herabhängen". Erst dann heben und öffnen Sie die Unterarme und Hände wie eine Blüte, die sich nach oben über Ihrem Kopf entfaltet und leicht öffnet. Bleiben Sie die ganze Zeit über mit Blick und Atem auf Ihr Herz gesammelt. Folgen Sie beim Drehen dem Rhythmus Ihres Herzschlags und versuchen Sie, mit den Füßen an derselben Stelle zu bleiben. Vergessen Sie auch nicht, zur Rückseite des Herzens hin zu atmen und Ihre Blüte dort zu öffnen, damit sich Ihre Schwingen noch weiter ausbreiten können. Drehen Sie sich so lange Sie möchten, aber lassen Sie sich Zeit. Denn besonders am Anfang ist es nicht ganz leicht, die Zentrierung zu bewahren. Beginnen Sie also ruhig mit nur drei oder vier Umdrehungen und steigern Sie diese allmählich.

Hinweis für Fortgeschrittene:

Wenn Sie bereits gut zentriert sind und Ihnen das Drehen leicht gelingt, bemühen Sie sich, die Arme nicht mit den Muskeln anzuheben, sondern mit dem Atem: Lassen Sie den Atem die Arme heben und ausbreiten und lassen Sie sich von ihm tragen.

Nach vielem Üben werden Sie vielleicht sogar die Erfahrung machen, dass nicht Sie sich drehen, sondern die Welt sich um Sie herum dreht, während Sie vollkommen still sind, wie das Auge des Wirbelsturms.

Beenden Sie die Übung, indem Sie langsam ausdrehen und dabei ebenso langsam die Arme senken und sich dabei mit den Schwingen umarmen. Enden Sie so „umflügelt" wie in Übung A (4.1. *Die Flügel spüren)* und atmen Sie noch fünfmal in das Herz, bevor Sie den Blick wieder heben und durch den Raum schweifen lassen.

VARIATION 1: Drehen Sie in die andere Richtung, also nach rechts herum.

VARIATION 2: Experimentieren Sie mit der Haltung der Hände beim Drehen:

a) die Handflächen beide nach oben zeigend

b) die Handflächen beide nach unten zeigend

c) die rechte Handfläche nach oben und die linke nach unten zeigend

d) die linke Handfläche nach oben und die rechte nach unten zeigend.

Selbstbeobachtung:

Wo enden die Flügel?

Wie war das Fliegen?

Wie fühlt sich die Zentrierung im Herzen an?

Welche Gedanken und Gefühle sind dabei aufgestiegen?

Konnte ich mich einen Augenblick vergessen?

Wie fühlte sich der Raum an, in dem ich mich befand?

Wo befand ich mich?

4.3. Gewahrsein des Raumes

Das Universum besteht auf allen Ebenen aus Schwingungen.
Bestimmte Realitäten, die wir unsichtbar nennen,
nehmen wir nur deshalb nicht wahr, weil sie eine höhere
Schwingungsfrequenz haben.

– Amadou Hampaté Bâ –

◆◆◆

4.3.1. Übung A: Gewahrsein des Raumes

Stellen Sie sich aufrecht mitten in ein Zimmer, schließen Sie die Augen und nehmen Sie den Raum wahr:

Können Sie einen Luftzug verspüren?

Gibt es Geräusche oder Klänge? Vielleicht das Summen eines Insekts? Oder das Rauschen des Ventilators vom Computer?

Womit nehmen Sie vorwiegend wahr?

Wie fühlt sich der Boden unter Ihren Füßen an?

Spüren Sie Ihre Flügel?

Können Sie Ihre Schwingen ausbreiten?

„Ertasten" Sie nun den ganzen Raum, *ohne* sich einen Zentimeter vom Fleck zu bewegen. Versuchen Sie einfach mit geschlossenen Augen, die Dinge im Raum wahrzunehmen.

Öffnen Sie langsam die Augen und blicken sich um:

Was haben Sie alles wahrnehmen können?

Wie gut kennen Sie den Raum, in dem Sie sich befinden?

Welche Gegenstände sind Ihrer Aufmerksamkeit entgangen?

Welche Gegenstände waren Ihnen sofort gegenwärtig?

4.3.2. Übung B: Den Raum umkehren

Begeben Sie sich in einen freien Raum, in dem Sie mehrere Meter geradeaus gehen können, ohne sich an etwas zu stoßen, wie zum Beispiel einen langen Flur. Stellen Sie sich mit dem Rücken zur freien Fläche auf. Zentrieren Sie sich durch Ihren Atem und schließen Sie dabei die Augen. Nehmen Sie den Raum wahr, der Sie umgibt. Öffnen Sie auch die „Fühler" in Ihrem Rückenbereich.

Öffnen Sie nun wieder die Augen und beginnen Sie, langsam den ersten Gang *Einen Schritt nach dem anderen* auszuführen – aber rückwärts. Schauen Sie sich nicht um. Seien Sie des Raumes in Ihrem Rücken gewahr. Lassen Sie den Kopf aufrecht und den Blick geradeaus gerichtet, während Sie rückwärts „voranschreiten". Lassen Sie sich vom Atem und den feinen Antennen im Rücken leiten und sicher führen.

Bei dieser Übung sind Ihrer Fantasie keine Grenzen gesetzt. Es ist eine Übung, die Sie auch auf Wohn- und Schlafzimmer oder andere Räume ausweiten können. Nur überschätzen Sie sich nicht und lassen Sie immer Vorsicht walten.

Einem wahren Meister in dieser Übung durfte ich einmal begegnen: Ein Mann, elegant mit Anzug, Krawatte und Hut bekleidet, die Aktenmappe in der linken Hand kam mir zielsicher aus der U-Bahn rückwärts die Treppe hinauf entgegen und setzte seinen Weg ebenso geradlinig auf der Straße und beim Überqueren des Ampelbereichs fort. Er blickte sich nicht einmal um und niemand rempelte ihn an. Welch ein Lehrstück an Achtsamkeit und Präsenz!

4.4. Präsenz

Achtsam zu sein heißt, präsent zu sein. Die meisten der in diesem Buch vorgestellten Übungen sind daher auch Übungen in Präsenz. Präsent zu sein heißt, hier und jetzt zu sein, zu wissen, wer man ist, wo man sich befindet und was in diesem Augenblick in dieser

Situation nötig ist, was man tun oder lieber lassen sollte. Es erfordert eine große Umsichtigkeit.

Präsent zu sein bedeutet auch, den inneren Raum des Herzens zu erschließen. Denn hierbei sind nicht nur unsere körperlichen Sinne gefragt, sondern ebenso unser intuitives Wissen, unsere „Augen des Herzens", unser vielschichtiges Gewahrsein.

Wir werden intensiver im Kapitel 5 *(Die Erweckung des Herzens)* darauf eingehen

◆ ◆ ◆

Zeit für eine kleine Geschichte:

Eines Tages besuchte Mullah Nasruddin ein Dorf, das nicht weit von seinem Wohnort entfernt war. Er ging durch das Dorf, als ihn ein Mann ansprach: „Mein Herr, was für ein Tag ist heute?" Der Mullah antwortete: „Ich weiß es nicht, ich bin fremd hier! Da müsst Ihr schon einen Einheimischen fragen!"

◆ ◆ ◆

KAPITEL 5

Die Erweckung des Herzens

*Solange das Herz nicht auf den richtigen Ton gestimmt ist,
wird es nicht glücklich sein. Jenes innere Lächeln, das sich
im Ausdruck eines Menschen zeigt, in seiner Atmosphäre,
das gehört zum Glück. Auch wenn die Stellung und der
Wohlstand des äußeren Lebens verloren gehen, ist das innere
Glück doch unverlierbar. Das Lächeln des Herzens beruht auf
der rechten Einstimmung auf jene Höhe, wo es lebendig ist.*

– Hazrat Inayat Khan –

Wir haben Achtsamkeit bislang mit unseren körperlichen Sinnen
erkundet. Wie wir eingangs erfahren haben, ist Achtsamkeit eng
mit Lieben verbunden. Wir gehen nur mit dem achtsam um, was
wir lieben, was uns kostbar ist. Zusammen mit dem Atem ist daher
unser Herz das wichtigste Instrument für Achtsamkeit. Ohne das
Herz ist keine wahre Achtsamkeit möglich. Mit dem Herzen nehmen wir *wahr*. Alle anderen Sinne lassen sich leicht täuschen, nicht
jedoch das Herz.

Wenn ich im Folgenden vom Herzen spreche, meine ich damit nicht unser physisches Herz auf der linken Brustseite und auch nicht unser sogenanntes spirituelles Herz auf der rechten, sondern unser Herzzentrum, das sich zwischen den beiden anderen befindet. Es ist ein sehr wichtiges energetisches Zentrum, das unsere enge Sicht auf die Welt, die von Bewertungen und Urteilen geprägt ist, auszuweiten oder gar aufzulösen vermag. Aus diesem Grund kommt der Aktivierung, der Erweckung des Herzzentrums höchste und dringlichste Bedeutung zu. Wird das Herz erweckt, erfahren wir in mitfühlender, respektvoller und liebender Weise die Welt mit anderen „Augen". Oder knapp gesagt, wie der Fuchs dem „Kleinen Prinzen" in Antoine Saint-Exupérys berühmtem Buch verrät: *Man sieht nur mit dem Herzen gut.*

Auch wenn in unserer heutigen Gesellschaft vor allem die Fähigkeiten des Kopfes gelehrt und gefordert werden und die Herzensqualitäten oft in den Hintergrund treten oder gar völlig verschwinden, werden Sie, wenn Sie einem erweckten Herzen begegnen, es sofort spüren und in den Augen leuchten sehen. Seien Sie wach, halten sie „Ausschau". Menschen mit erweckten Herzen können Sie nicht nur in spirituellen Kontexten finden, sondern überall im Leben. Nehmen Sie *wahr!*

5.1. Ins Herz lächeln

Unsere erste Übung ist ganz leicht und überall zu jeder Zeit ausführbar: Machen Sie sie mindestens einmal am Tag und ansonsten so oft Sie mögen und daran denken.

Erinnern Sie sich besonders dann an diese Übung, wenn Sie verärgert, seelisch verletzt, mutlos, deprimiert oder frustriert sind. Schenken Sie sich durch das Lächeln Mut, um weiterzugehen, und den Impuls, die schönen Seiten des Lebens wieder ins Blickfeld zu rücken.

Anleitung:

Wir lächeln in unser Herz. Es ist ein inneres Lächeln; Sie müssen Ihre Lippen nicht zu einer Grimasse verziehen. Lächeln Sie Ihrem Herzen zu, in es hinein, wie bei einem Wesen, dessen Anblick Ihr Herz vor Glück überlaufen lässt.

Es ist ein stilles Lächeln. Ein frohes Lächeln. Ein glückliches Lächeln. Ein leichtes Lächeln.

5.2. Ins Herz atmen

Nehmen Sie eine bequeme Sitzhaltung mit gestreckter Wirbelsäule und langgezogenem Hals-Nacken-Bereich ein, den Kopf am Scheitel von dem goldenen Faden nach oben gezogen. Die Beine sind gut im Boden geerdet. Legen Sie die Fingerspitzen beider Hände auf Ihr Herzzentrum und lassen Sie sie dort leicht ruhen, sodass Sie das Zentrum spüren, die Hände es jedoch nicht belasten.

a) Wir atmen durch die Nase ein und aus. Wir ziehen den einströmenden Atem bis zum Herzzentrum hinauf und lassen ihn durch das Herz strahlend wie eine Sonne wieder hinausströmen. Verbinden Sie sich dabei mit dem Rhythmus Ihres Herzens, ohne ihn zu beeinflussen.

b) Wir atmen über sieben Zeiten durch die Nase bis zum Herzen ein, halten einen Augenblick inne,
atmen sieben Zeiten vom Herzen her wieder durch die Nase aus, und halten eine Zeit inne.

Diesen Atem auf acht Zeiten, der von Reshad Field Oktavatem genannt wird, wiederholen Sie mindestens noch siebenmal.

Er verbindet uns mit unserem Herzen und unserem Bewusstsein. Gleichzeitig hilft er uns, unseren Raum des Herzens zu entfalten und zu kultivieren. Denn – ob wir nun religiös sind oder nicht –, der Herzensraum ist unser Altar, unsere Zuflucht, unser Ballsaal, den wir jederzeit betreten können. Wie der Atem und der Tempel unseres

65

Körpers steht er uns jederzeit und überall zur Verfügung. Wenn wir in ihn eintreten, gelangen wir zu dem, was wir wirklich sind, zu unserer Essenz. Diese Essenz teilt sich weniger in Worten als durch Sein mit. Sie scheint durch unsere Präsenz hindurch.

5.3. Sema – Dem Herzen lauschen

In der Tradition der Sufis kommt dem Lauschen auf das Herz große Bedeutung zu. Sie können es bei den Wirbelnden Derwischen der Mevlevi sehen, wenn sie beim Drehen ihren Kopf dem Herzen zuneigen: Sie sind dann nicht mehr von dieser Welt, aber zugleich in dieser Welt. Das heißt, auch wenn sie beim Wirbeln völlig im Herzen des Göttlichen aufgelöst zu sein scheinen, sind sie zugleich vollkommen präsent in diesem Augenblick in dieser Welt und mit dem linken Bein fest in der Erde verwurzelt. Und wenn der sogenannte Tanzmeister (Semazen Bashi) durch die Tanzenden schreitet, weichen sie ihm achtsam aus, ohne ihn oder einander beim Drehen zu berühren. (Diese achtsame Präsenz können Sie auch in Tokyo im riesigen Bahnhof Shinjuku beobachten, wenn Zigtausende von Japanern durch die Gänge und Hallen „fließen", ohne sich im Wege zu sein oder sich zu berühren.)

Wenn wir unserem Herzen lauschen, können wir erkennen, wer wir – im Gegensatz zu dem, was wir *glauben* zu sein – wirklich sind. Wir kommen in Kontakt mit der Essenz unseres Seins und unserem wahren Potential. Indem wir diesen inneren Raum des Herzens entfalten, lernen wir, das Leben so anzunehmen, wie es ist, und den Tatsachen und Gegebenheiten, die sich uns präsentieren, ins Auge zu blicken. Wir gehen die Herausforderungen des Alltags „be-herzt" an!

In der Tat ist das Herz unser wesentlichstes Medium der Selbsterkenntnis, der Weisheit und der Liebe. Sind wir auf die Stimme unseres Herzens gestimmt, können wir vielleicht auch hören, wie es die wesentlichen Fragen stellt. Denn die echten Fragen, jene, die uns wirklich bewegen, kommen aus dem Herzen und können auch nur von ihm beantwortet werden.

Die vier wesentlichsten Fragen lauten in vielen Traditionen der Menschheit:

❖ Wer bin ich?

❖ Was bin ich?

❖ Was ist Leben?

❖ Was ist ein anderer?

5.3.1. Übung: Fragen aus dem Herzen

Nehmen Sie sich möglichst jeden Abend vor dem Einschlafen im Bett einige Minuten Zeit. Besorgen Sie sich ein Notizbuch oder Heft und einen Stift, die Sie griffbereit neben dem Bett platzieren.

Liegen Sie auf dem Rücken. Legen Sie die linke Hand auf Ihr Herzzentrum und die rechte über die linke Hand. Atmen Sie leicht und luftig in das Herz. Mit den Händen spüren Sie den Herzschlag. Stellen Sie sich mindestens eine Woche lang jeden Abend die erste Frage: „Wer bin ich?" Atmen Sie weiter in Ihr Herz. Stellen Sie die Frage erneut. Atmen Sie weiter in Ihr Herz. Stellen Sie die Frage ein drittes Mal.

Schließen Sie diesen Teil der Übung mit einem tiefen Ein- und Ausatmen ins Herz ab und lassen Sie die Frage los. Danken Sie für diesen Tag und schlafen Sie gut.

Sobald Sie am nächsten Morgen erwachen, nehmen Sie Ihr Notizbuch und den Stift und schreiben sofort alles auf, was Ihnen in den Sinn kommt. Denken Sie nicht nach. Zensieren Sie nichts. Schreiben Sie einfach nur die Gedanken auf, die in Ihnen in diesem Moment auftauchen. Forschen Sie nicht nach dem Sinn oder Zusammenhang. Notieren Sie lediglich ohne Wertung. Vielleicht hat es nichts mit Ihrer Frage zu tun. Vielleicht erschließt sich Ihnen der Sinn erst später.

Manchmal erinnern Sie sich womöglich an Ihre Träume und schreiben diese auf.

Mit der Zeit werden Sie feststellen, wie Sie immer mehr Zugang zu Ihrem ungeheuren inneren Raum bekommen und die Antworten entschlüsseln können.

Hüten Sie sich jedoch vor den Fallen des Verstandes, der uns weismachen will, er kenne die Antwort bereits, und der uns zunächst eine Fülle von Antworten bietet, die uns anfangs auch plausibel vorkommen. Mit einiger Übung werden Sie jedoch entdecken und unterscheiden, welche Fragen und Antworten wirklich aus dem Herzen stammen und nicht nur mentale Konstrukte sind.

Wenn Sie das Gefühl haben, eine stimmige Antwort aus dem Herzen zu haben, dann gehen Sie weiter und stellen die nächste der vier Fragen. Verfahren Sie auf die gleiche Weise und lauschen Sie Ihrem immer weiter werdenden Raum des Herzens. Lassen Sie sich Zeit! Übereilen Sie nichts. Es gibt keine Prüfung zu bestehen. Erlauben Sie Ihrem Herzensraum, sich zu entfalten, und horchen Sie auf die Stimme Ihres Herzens.

Manchmal kann man eine Frage jahrelang in sich bewegen – und ein anderes Mal schnellt die Antwort wie ein Blitz hervor. Es gibt kein Richtig und Falsch.

5.4. Heilung des Herzens

Wenn wir auf den wahren Ton unseres Herzens gestimmt sind, setzen vielfältige Prozesse ein. Wir erkennen, dass wir nicht vom anderen getrennt sind. Wir erkennen, dass wir nicht unsere Gedanken und Gefühle sind. Wir erkennen, dass wir Sklaven unserer Denk- und Handlungsmuster sind. Wir erkennen, dass die Realität oft ganz anders ist, als wir gedacht hatten. Beginnen wir mit dem Herzen zu sehen, erkennen wir, wie wir unser Leiden selbst schaffen, indem wir an unseren Gewohnheitsmustern festhalten und uns zu Richtern über uns und andere machen. Mit dem Herzen zu erkennen bedeutet, uns selbst anzunehmen, wie wir sind, uns zu verzeihen und uns mit uns selbst zu versöhnen. Wir schließen Frieden in uns. Auf diese Weise setzt Heilung in unserem Herzen ein. Da wir alle miteinander verbunden sind, wird diese Heilkraft des Herzens auch auf andere ausstrahlen und sie im positiven Sinne anstecken. Damit werden auch die Unterscheidungen, die wir ohne Unterlass in Gedanken vornehmen, aufgehoben und es tritt das authentische Sein hervor.

Wenn wir authentisch sind, dann sind wir frei: frei von den Anstrengungen, eine Maske anzulegen oder eine Verkleidung zu tragen, frei von so vielen Regeln, die wir uns selbst auferlegen, weil wir glauben, wir müssten uns an die sogenannten Normen anpassen. Sind wir authentisch, tritt unser Potential aus dem Schatten des Scheins und unser wahres, unverfälschtes Ich strahlt hindurch. Und wenn wir wirklich wir selbst sind, dann kann Heilung geschehen.

Die Stimme des Herzens steht uns dann auch in der ihr eigenen Weisheit zur Verfügung und fördert das feine Erfahrungswissen, das gemeinhin als Intuition bezeichnet wird.

Indem wir uns jeden Tag immer wieder im Herzen zentrieren, reiben wir immer mehr den „Rost auf unserem Herzen" ab, wie es bei den Sufis heißt, bis unser Herz einem blankgeputzten Spiegel gleicht. Ein blankgeputztes Herz strahlt wie eine Sonne und wirkt sich gleichermaßen auf unseren eigenen inneren Garten wie auch auf die Gärten um uns herum heilsam aus und lässt alle Samen treiben und erblühen.

Praktizieren Sie daher alle Übungen und Meditationen immer im Herzen zentriert. Sie können – sofern nicht anders angegeben – die Hände auch übereinander auf das Herzzentrum legen, damit Sie so besser in Kontakt mit der Herzenergie kommen.

5.5. Mut zur Freiheit, Mut zur Liebe

Ich habe zum Schweigen gebracht
meinen rastlosen Geist,
und mein Herz strahlt:
denn im So-sein habe ich
hinter das So-sein geblickt;
in Begleitung sah' ich ihn,
den Geleiter.
Lebend in Fesseln
macht' ich mich frei:

Ich riss mich los
von allen Fesseln der Enge.
Kabir sagt:
Ich habe das Unerreichbare
erreicht,
und mein Herz ist gefärbt
mit der Farbe
der Liebe.

– Kabir –

Wie bereits eingangs erwähnt, ist Liebe das, was Achtsamkeit möglich macht. Im Deutschen ist in dem Ausdruck „auf etwas achten" das Lieben und Wertschätzen schon implizit enthalten. Wir bezeichnen etwas, das wir lieben, oftmals als unseren „Schatz", den wir hüten und auf den wir achtgeben. Insofern bedeutet achtsam zu sein, etwas zu lieben, zu respektieren und anzunehmen. Sind wir achtsam uns selbst gegenüber, so achten wir auf uns, begegnen uns in Liebe. Das Lieben öffnet das Gewahrsein für das, was ist. Wir sehen mit den Augen des Herzens, hören mit den Ohren des Herzens, mit allen Sinnen des Herzens und erkennen dadurch nicht nur, was für uns in diesem Augenblick vonnöten ist, sondern auch, was andere brauchen.

Wenn wir uns im Herzen zentrieren und dadurch das ununterbrochene Geplapper unseres Verstandes eindämmen oder im besten Falle ganz verstummen lassen, öffnen wir uns für das, was ist – dann sind wir präsent für den Augenblick des Jetzt. Dieser Augenblick in Präsenz schenkt uns eine unglaubliche Freiheit: Unbehelligt von den vorgefertigten Denkmustern und Ansichten, ohne die Last geprägter Handlungsbahnen, haben wir plötzlich die Wahl zwischen unendlich vielen Möglichkeiten, wie wir genau diesen Moment nutzen können.

Manchmal kann das bedeuten, genau dorthin zu gehen, uns in genau das zu begeben, wovor wir Angst haben. Wunderbar erfrischend und liebevoll hat das Astrid Lindgren in ihrem Roman *Ronja Räubertochter* beschrieben, in dem Ronja sich genau den Gefahren aussetzt, vor denen sie sich hüten soll. Denn wie soll man sich an Orten, an denen diese Gefahr nicht besteht, vor diesen Gefahren hüten, meint sie. Also „hütet" sie sich vor glitschigen Steinen, indem sie so lange auf den schlüpfrigen Steinen nahe am Wasser herumhüpft, bis sie sicher ist, nicht darauf auszurutschen. Auf diese Weise macht sie sich mit der Gefahr vertraut und kommt gar nicht auf den Gedanken, Angst zu haben. Recht ähnlich drückt auch der kleine Fuchs in Der kleine Prinz den Umgang mit Fremdem aus: „[Etwas ‚zähmen'] bedeutet, sich ‚vertraut machen'. Man kennt nur die Dinge, die man zähmt."

Indem wir unseren Geist „zähmen", uns mit ihm vertraut machen, erkennen wir, wer wir sind und welche Streiche uns unsere Gedanken und Gefühle spielen. Wenn wir mittels unseres Herzens erkennen, wahrhaftig und wirklich erkennen, dass wir nicht unsere Gedanken und Gefühle sind, dann sind wir frei von unserem täglichen Heimkino, erkennen all die kleinen Filmchen und Geschichten, aus denen wir unsere Welt und unsere Beziehungen basteln als das, was sie sind: Filme und Geschichten. Nehmen wir uns und unsere Umgebung mit offenem Herzen auf und in Herzensweisheit wahr, dann sind wir präsent für das, was wirklich ist. Wir sind. Nichts mehr und nichts weniger. „Ich bin nur wirklich, wenn ‚Ich bin'", pflegte der Mystiker George I. Gurdjieff zu sagen.

Befreien Sie sich von den Fesseln Ihrer Gedanken und Gefühle. Verlagern Sie Ihren Schwerpunkt zum Herzen, damit sich die Gewohnheitsmuster auflösen können. Verlassen Sie die Spurrillen der Gewohnheit. Machen Sie sich frei von Ihren Geschichten. Gehen Sie in Ihr Herz, öffnen Sie es und trauen Sie sich, jetzt, hier und in diesem Augenblick Sie selbst zu sein!

Zentrieren Sie sich bei jeder in diesem Buch beschriebenen Meditation oder Übung im Herzen und integrieren Sie so oft wie möglich das Lächeln und Atmen ins Herz hinein.

Die folgende Übung kann Ihnen außerdem helfen, im Umgang mit Ihrer Umgebung stärker auf der Herzebene in Kontakt zu kommen:

5.6. Übung: Dreimal Freude bereiten

Nichts befreit so sehr wie die Freude.
Sie erfrischt den Geist und erfüllt die Seele mit Frieden.

– Rabbi Nachman von Breslow –

Bereiten Sie jeden Tag drei anderen Menschen eine Freude. Das können ganz kleine Gesten im Alltag sein. Lassen Sie zum Beispiel bei hohem Verkehrsaufkommen auf der Straße geduldig (und vielleicht auch freundlich lächelnd?) einen anderen in Ihre Spur einscheren. Schauen Sie dieser Person freundlich ins Gesicht.

Oder wenn Sie im Supermarkt an der Kasse sind, nehmen Sie sich die Zeit, die Kassiererin freundlich anzulächeln und ihr einen guten Tag zu wünschen.

Oder wenn Sie öffentliche Verkehrsmittel benutzen und eine alte Frau Ihnen gern ihr Herz ausschütten möchte. Hören Sie ihr einfach präsent zu. Seien Sie die zehn Minuten einfach bei ihr und widmen sich ihr.

Sehen Sie diesen Menschen ins Gesicht. Mit großer Wahrscheinlichkeit werden Sie Freude wahrnehmen.

Und was ist mit Ihnen?

Vielleicht geht es Ihnen so wie mir und die Freude kehrt zu Ihnen zurück: Über die Freude der anderen freue ich mich. Indem ich anderen diene, diene ich mir. Freude hat ihren Sitz im Herzen. Erfreue ich mich, ist mein Herz lebendig. Erfreue ich andere, erfreue ich mein Herz.

Freude bereiten kann manchmal aber auch darin bestehen, anderen die Möglichkeit zu geben und zu erlauben, Ihnen Freude zu bereiten. Nehmen Sie solche Angebote an und seien Sie dankbar dafür. Man kann dadurch manchmal erstaunliche Dinge erfahren – und aufwachen.

Mir ist das einmal passiert, als ich Ballett für Laien unterrichtete. Ich hatte die fortgeschrittene Klasse noch nicht lange übernommen und die Unterrichtsbedingungen waren damals wahrlich nicht ideal zu nennen. Die Gruppe war sehr ehrgeizig und ich fand es recht anstrengend, etwas mehr Lockerheit und Freude in den Unterricht zu bringen. Eines Tages ging es mir so schlecht, dass ich mich kaum auf den Beinen halten konnte und froh war, zumindest die Übungen zu lehren und anzuleiten. Von Unterhaltung der Gruppe konnte jedoch keine Rede sein. Und da geschah das Wunder: Nun da ein Raum frei wurde, begannen die Teilnehmerinnen der Gruppe Scherze zu machen und mich aufzumuntern. Die Stimmung war vollkommen umgekippt und seit diesem Tag bestimmte ein fröhlicher und herzlicher Dialog die Zusammenarbeit mit dieser Klasse. Mit einigen von ihnen bin ich noch heute befreundet. Dieses Ereignis hat mich eine Menge gelehrt und ich bin zutiefst dankbar für diese Erfahrung.

5.7. Achtsam mit sich selbst

Sie haben anderen Freude bereitet. Wie steht es mit Ihnen selbst? Haben Sie auch sich selbst Freude bereitet? Oft denken wir in solchen Zusammenhängen an uns nahestehende Menschen, nicht aber an uns selbst. Wir vergessen uns einfach bei dem Wunsch, dass alle Wesen glücklich sein mögen; vergessen, dass auch wir zu „allen" dazugehören.

Oder wir glauben, wir seien es nicht wert, oder machen uns Vorwürfe, egoistisch zu sein, wenn wir auch an uns denken. Oder wir denken, es sei Schwäche zuzugeben, dass wir unsere Arbeit und unseren Alltag nicht mehr bewältigen können. Auch hier gilt es, unsere gewohnten Denkmuster und Vorstellungen zu verlassen und mit dem Herzen dorthin zu „lauschen".

Wenn unser Alltag ohnehin schon sehr an unserem Körper und den Nerven zerrt, wir vor Druck und Stress nur noch „funktionieren", dann neigen wir besonders dazu, hart mit uns umzugehen. Doch genau das sind die Momente, wo wir sanft und liebevoll mit uns selbst umgehen sollten, uns Zeit für uns nehmen sollten, bevor ein Herzinfarkt oder ein anderes schwerwiegendes Ereignis uns dazu zwingt, eine Pause einzulegen. Verlassen Sie in dem Augenblick die

Spurrillen der Gewohnheiten, wenn Sie merken, dass Sie kopflos werden, Ihr Atem stockend und unregelmäßig wird, Schlafstörungen sich einstellen und Sie sich nicht mehr konzentrieren können. Das ist keine Schwäche! Sie können sich die Zeit nehmen, wenn Sie es wirklich wollen, ohne vorher krank werden zu müssen. Auch wenn Sie wahrnehmen, dass Ihnen das Geschirr beinahe aus der Hand gefallen wäre oder Sie sich fast in den Finger geschnitten oder anderweitig verletzt hätten, ist es höchste Zeit, innezuhalten und das Tempo und das Pensum radikal zu drosseln. „Entschleunigen" Sie Ihr Leben. Sie tun allen Menschen, und vor allem sich selbst, einen großen Gefallen, wenn Sie sich die Zeit nehmen, um eine Pause zu machen und sich wieder mit Ihren Kraftquellen zu verbinden. Niemand wird es Ihnen danken, wenn Sie bis zum Burnout schuften und dann ausfallen. Ziehen Sie rechtzeitig die Notbremse, üben Sie Achtsamkeit für sich selbst und erfreuen Sie so auch Ihre Mitmenschen durch Ihre Gegenwart und Präsenz. Es geschieht zum Wohle aller Beteiligten.

Atmen Sie in Ihr Herz und seien Sei freundlich gegenüber sich selbst. Vergeben Sie sich Unachtsamkeit – jeder andere würde es Ihnen nachsehen. Seien sie nicht so streng mit sich selbst. Seien Sie präsent für diesen Augenblick und für die Freude, die er in sich birgt. Nehmen Sie in Dankbarkeit an, was Ihnen begegnet, und akzeptieren Sie es so, wie es ist – Sie selbst eingeschlossen!

Lauschen Sie Ihrem Herzen. Es sagt Ihnen, was Sie in diesem Moment brauchen.

Schenken Sie sich ein Lächeln und leben Sie Ihr Leben aus erster Hand. Sie haben nur dieses Leben hier und jetzt. Vergeuden Sie es nicht!

In der vorangegangenen Übung haben wir gesehen, dass anderen Freude zu bereiten uns selbst Freude schenken kann. Umgekehrt funktioniert es ebenso. Wenn wir uns sehr über etwas freuen, können wir damit andere anstecken, diese Freude mit uns zu teilen. Freude zu teilen kann, wie ein schönes Essen miteinander zu teilen, eine wellenartig um sich greifende Bewegung auslösen und uns aus düsteren Gedanken und Gefühlen herausreißen.

Denn wir wissen ja: Wir sind nicht unsere Gedanken und Gefühle. Die kommen und gehen.

◆ ◆ ◆

Genug der Worte jetzt
Öffne das Fenster in der Mitte deiner Brust
Und lass den Geist ein- und ausfliegen.

– Rumi –

KAPITEL 6

Sinn-Voll leben – Achtsam mit allen Sinnen

6.1. Der erste Eindruck

Nicht nur der Volksmund, sondern auch Wissenschaftler und spirituelle Meister bestätigen, dass der erste Eindruck meist der beste ist, dass das zuerst unmittelbar Gewählte die beste Wahl ist. Bei zwischenmenschlichen Beziehungen entscheiden oft die ersten zehn Sekunden darüber, ob sich zwei Menschen mögen oder lieber Abstand voneinander nehmen.

Unsere Sinne sind es, die uns in die unmittelbare Gegenwart bringen. Wir können nur jetzt sehen, riechen, schmecken, hören und fühlen. Sie bilden daher eine wichtige Grundlage für das Einüben von Achtsamkeit und Präsenz im alltäglichen Leben.

Wir besitzen ein äußerst feines sensorisches System, das wir ebenfalls schulen, wenn wir unsere üblichen fünf Sinne kultivieren. Bei einem höher entwickelten System sprechen wir oft von einer „guten Nase" oder aber von feiner Intuition.

Unsere Sinne werden von frühester Kindheit an geprägt und bleiben oft über den Geruch und Geschmack noch Jahre später abrufbar, wenn man zum Beispiel eine Lieblingsspeise aus der Kindheit wieder kostet und ihr Duft der mütterlichen Küche zu entstammen scheint. Nicht alle Sinne sind bei allen gleichermaßen ausgeprägt. Im Laufe der vielen Jahre meiner Lehrtätigkeit lernte ich, dass manche Menschen beispielsweise nichts mit bildhaften Darstellungen in meinen Erläuterungen anfangen konnten, wohl aber mit „Klangbildern" oder „Geruchslandschaften". Achten Sie bei den folgenden Übungen darauf, welchen Sinn Sie am meisten beanspruchen, und versuchen Sie die Sinne, die weniger stark ausgeprägt sind, stärker zu üben.

Beginnen wir mit dem wohl offensichtlichsten unserer Sinne:

6.2. Achtsames Sehen

Der Schmuggel

Mullah Nasruddin pflegte jede Woche seinen Esel, der mit Körben voller Stroh beladen war, über die Grenze zu treiben. Da er immer, wenn er abends nach Hause zurückkam, zugab zu schmuggeln, durchsuchten ihn die Grenzwächter immer wieder aufs Neue. Sie ließen ihn entkleiden, kämmten das Stroh durch, durchweichten es mit Wasser oder verbrannten es gar. Doch sie fanden niemals etwas. Nasruddin wurde unterdessen reicher und reicher.

Schließlich setzte er sich zur Ruhe und siedelte sich in einem anderen Land an. Jahre später begegnete er hier einem der Grenzwächter, der Urlaub machte. „Jetzt kannst du es mir doch sagen", drängte dieser. „Was in aller Welt hast du damals geschmuggelt, als wir dich die ganze Zeit niemals überführen konnten?"

„Esel", antwortete Nasruddin.

◆ ◆ ◆

Der Sehsinn ist in unserem Leben sehr bestimmend und tagtäglich verarbeitet er Unmengen an Reizen, die durch unsere Umwelt, durch Computer, Fernsehen und so weiter auf ihn einstürmen. Was aber sehen wir wirklich?

Achtsam zu sehen heißt zu sehen, was ist. Um zu sehen, was ist, müssen wir präsent sein. Sind wir in Gedanken woanders, sind wir nicht zentriert; wir sind zerstreut und damit abgelenkt. Wir können uns nicht konzentrieren und daher entgeht vieles unserer Wahrnehmung. Wir sehen nur das, was in unsere Gedankenwelt hineinpasst, nicht aber das, was wirklich gerade in diesem Augenblick, an diesem Ort, wo wir uns befinden, ist. Das ist der klassische Fall, wenn es bei einem Unfall fünf Zeugen gibt und jeder etwas anderes gesehen hat. Genauso wie in diesem Fall ist unser Sehen von unserer Vorstellungswelt bestimmt. Dinge, an die wir nicht denken oder die unsere Vorstellung nicht zulässt, „sehen" wir einfach nicht.

Beim achtsamen Sehen geht es nicht darum, etwas Bestimmtes zu sehen oder zu erkennen, sondern das, was genau in diesem Moment an diesem Ort ist oder geschieht. Wir nehmen einfach nur wahr, was ist. Wir bewerten und beurteilen nichts; es gibt kein Richtig und kein Falsch. Wir öffnen unseren Geist und damit unser Sehen für die Wirklichkeit, sei sie nun angenehm oder unangenehm. Wir bleiben von dem, was wir sehen, unberührt und sind unbeteiligt. Wir wissen, wir sind nicht unsere Gedanken und wir sind nicht unsere Gefühle. Wir reagieren nicht auf das, was wir sehen. Wir nehmen nur wahr, was ist. Das heißt aber nicht, dass wir gleichgültig oder passiv sind. Wir wenden unseren Blick auch nicht ab oder stecken unseren Kopf in den Sand. Wir sind vollkommen wach und präsent für den Augenblick.

Achtsamkeit kann Ihnen auf diese Weise viel Zeit ersparen, denn – seien Sie ehrlich –, wie viel Zeit verbringen Sie täglich damit, etwas zu suchen, von dem Sie nicht mehr wissen, wo Sie es eben noch hingestellt oder hingelegt hatten? Eine amüsante Geschichte ist mir passiert, als ich Studentin an der Uni war. Ich jobbte samstags in einem Geschäft mit schöner Bekleidung, Kleinmöbeln und Accessoires. Es war gerade ein verkaufsoffener Samstag, kurz vor Weihnachten, und der kleine Laden war ziemlich voll. Mitten in diesem Gewühl bemerkte ich, dass der Besitzer des Ladens offenbar nach etwas suchte. Ich fragte ihn danach. „Ja, ich weiß nicht mehr, wo ich das Telefon hingelegt habe", klagte er. „Ach so", antwortete ich, „das liegt in dem Korb mit den heruntergesetzten Handschuhen dort vorne links." Ich hatte einfach nur zur Kenntnis genommen, dass da das Telefon lag, aber mich sonst nicht weiter darum gekümmert, zumal im Laden alle Hände voll zu tun waren. Seither fragte der Ladenbesitzer mich immer wieder, ob ich nicht wieder bei ihm arbeiten wolle und könne.

Wie praktisch eine solche Wahrnehmung zu Hause sein kann, brauche ich Ihnen sicher nicht zu erklären. Abgesehen davon wirkt achtsames Sehen auch der Zerstreutheit im Alter entgegen und fördert die Sicherheit, dass wir wirklich wissen, dass wir den Herd abgeschaltet oder das Fenster geschlossen haben, bevor wir aus dem Haus gegangen sind.

6.2.1. Übung: Inneres Fotografieren I

Diese Übung lässt sich nahezu überall und bei jeder Gelegenheit, die sich Ihnen bietet, ausführen.

Nehmen Sie für den Anfang eine sitzende Haltung ein. Wenn Sie möchten, können Sie diese Übung später auch im Stehen ausführen.

Setzen Sie sich bequem und aufrecht an Ihren Esstisch und nehmen Sie wahr, was Sie zum Frühstück gedeckt haben: die Tasse mit Ihrem Getränk, das Getränk selbst, vielleicht ein Glas mit Konfitüre, die Butterdose, den Teller, das Besteck ... Sehen Sie sich jeden einzelnen Gegenstand an, ohne jedoch zu lange bei einem einzelnen Objekt zu verweilen. Stellen Sie sich jetzt vor, Sie machten ein Foto von Ihrem Frühstückstisch. Blicken Sie dieses „Motiv" an. Schließen Sie nun die Augen. Rufen Sie jetzt das „Foto" Ihres Frühstückstisches vor Ihrem geistigen Auge hervor.

Öffnen Sie die Augen und überprüfen Sie das innere Bild und die äußere Wirklichkeit. Wiederholen Sie diesen Prozess des „Fotografierens" noch mindestens zweimal und überprüfen Sie jedes Mal das innere und das äußere Bild.

Suchen Sie sich jedes Mal einen anderen „Ausschnitt" Ihres Lebensbereichs und üben Sie, „Fotos" von diesen Ausschnitten zu erstellen.

Wenn Sie sich wirklich gut auskennen in Ihrer Wohnung oder Ihrem Haus, dann gehen wir zu einem Spiel über:

6.2.2. Das „Gäste"-Spiel

Wie die meisten Übungen in diesem Buch ist auch dieses Spiel aus der Erfahrung entstanden. Wenn Sie, so wie ich, gern Besuch bekommen und daher öfter mehrere Tage lang Gäste haben, ist es gut zu wissen, was sich wo befindet. Denn die Gäste möchten natürlich gern im Haus mithelfen und Sie nicht allein arbeiten lassen.

Dieses Spiel können Sie auch spielen, wenn Sie keine echten Gäste zu Besuch haben.

Stellen Sie sich vor, Sie haben Besuch von Freunden, die einige Tage ohne Ihre Anwesenheit zurechtkommen müssen. „Scannen" Sie nun Ihren Alltag nach Situationen, die auftreten können und bei denen Ihre Freunde Informationen von Ihnen benötigen.

Stellen Sie sich beispielsweise die Situation vor, dass Ihre Freunde Wäsche waschen wollen: Beschreiben Sie ihnen in Worten, wie die Maschine funktioniert, was zu berücksichtigen ist, wo sich das Waschmittel befindet.

Suchen Sie dabei die Örtlichkeiten nur im Geiste auf – beschreiben Sie nur auf der Grundlage Ihrer inneren Fotos.

Oder Ihre Freunde wollen ein leckeres Essen kochen: Wo befindet sich der Sparschäler für die Kartoffeln? Und wo ist der Korkenzieher für die Weinflasche? In welchem Schrank und in welchem Regal stehen die Weingläser? Und gibt es auch irgendwo Servietten? Und Peter braucht immer Zahnstocher nach dem Essen? Wo finde ich die?

Spielen Sie „Gast" in Ihrem eigenen Heim – und noch mehr Spaß macht es, wenn die ganze Familie mitspielt. Ihrer Fantasie sind keine Grenzen gesetzt. Erfinden Sie alle möglichen „Urlaubssituationen" zu Hause – und ersparen sich gleichzeitig viel Zeit und Arbeit.

6.2.3. Seh-Gang

Nehmen Sie sich jeden Tag ungefähr 10 bis 15 Minuten Zeit, um einen Spaziergang zu machen, bei dem Sie achtsames Sehen üben.

Wenn Sie ohne Auto zu Ihrem Arbeitsplatz gelangen können, dann können Sie diesen Weg (zur U-Bahn, zur Bus-Haltestelle oder direkt zu Fuß) auch für diese Übung nutzen. Wenn es Ihr Arbeitsweg ist, dann gehen Sie bitte fünf Minuten früher los, damit Sie sich nicht hetzen müssen und sich in Ruhe mit allem vertraut machen können.

Gehen Sie den von Ihnen bestimmten Weg jeden Tag mindestens eine Woche lang, besser jedoch mehrere Monate. Wenn es sich um Ihren Weg zur Arbeit handelt, ist es sehr gut, wenn Sie den Weg tagaus, tagein entlanggehen.

Bevor Sie losgehen, atmen Sie dreimal tief ein und aus. Versuchen Sie mit jedem Ausatmen alles, was Ihre Gedanken und Gefühle bewegt, hinter sich zu lassen und vollkommen präsent für das zu sein, was Ihnen auf Ihrem Weg begegnen wird. Erinnern Sie sich daran, dass Sie nicht Ihre Gedanken und nicht Ihre Gefühle sind.

Nehmen Sie während des Gangs einfach nur wahr, was Sie umgibt, was Ihnen begegnet. Stellen Sie dazu einen schweifenden Blick ein: Sie blicken leicht umher, sehen aber nichts oder nur sehr ausgewählte Objekte genau an. Ihr Blick ist sozusagen eher auf „Panorama" als auf „Zoom" fokussiert. Nehmen Sie einfach nur wahr, was Sie sehen. Bewerten Sie nichts. Nehmen Sie das Werbeplakat und die Blume, die zwischen den Steinplatten auf dem Fußweg hervorsprießt, die Schaufensterauslage eines jeden Geschäfts oder die Schatten auf der Betonwand eines Hochhauses zur Kenntnis, ohne ihnen eine Bedeutung, eine Geschichte oder ein Gefühl zuzuordnen. Bevorzugen Sie weder die schönen noch die hässlichen Seiten des Lebens, das Ihnen begegnet. Nehmen Sie es einfach nur wahr.

Am Ende Ihres Wegs nehmen Sie wieder drei tiefe entspannende Atemzüge.

Kurze Selbstbeobachtung:

Wie fühlte sich dieser Gang an?

Wie habe ich geatmet?

Wie ist meine Gemütsverfassung nach dem *Seh-Gang?*

Wie ist die Körperspannung, eher schlaff oder frischer und energetisierter?

Was ist heute anders als gestern gewesen?

a) bei mir selbst

b) um mich herum

6.2.4. Achtsames Sehen von anderen

Weiten Sie nun Ihre Perspektive weiter auf Ihre Mitmenschen aus. Am einfachsten wäre es, damit am Arbeitsplatz zu beginnen. Das ist ein zeitlich begrenzter und überschaubarer Bereich. Falls dies bei Ihnen nicht möglich ist, suchen Sie einige gute Freunde aus, an denen Sie üben – ohne ihnen etwas davon zu sagen (siehe auch Kapitel 9. Achtsame Beziehungen). Fangen Sie zuerst mit der ersten halben Stunde Ihres Zusammenseins an, denn wie gesagt, der erste Eindruck ist oft der beste. Wenn Sie mehr Übung haben und länger im Moment gegenwärtig sein können, können Sie die Dauer stufenweise auch auf längere Abschnitte ausdehnen. Wie zuvor gilt allerdings auch hier: lieber kürzer und konzentrierter als länger und abgelenkt.

Nehmen Sie wahr, was ist. Lassen Sie auch hier wieder den Blick unfokussiert schweifen. Achten Sie auf die vielen Kleinigkeiten. Entwöhnen Sie sich von Ihrer gewohnten Perspektive und sehen Sie Ihre Kollegen und Mitmenschen mit anderen Augen an. Erkennen Sie neue Qualitäten bei ihnen. Erfahren Sie, wie Ihre Kollegin gern Ihren Tee trinkt – und welche Sorte. Oder sehen Sie, dass sie heute Hustenbonbons auf dem Schreibtisch liegen und offenbar Halsweh hat. Seien Sie Ihren Mitmenschen gegenüber vollkommen präsent und respektvoll. Bringen Sie Ihnen Achtung entgegen, indem Sie sie wahrnehmen.

Wie beim *Seh-Gang* sprechen Sie nichts von alledem, was Sie sehen, an oder reagieren darauf. Außer, es ist etwas sehr Wichtiges, das dramatische Konsequenzen für Leib und Leben haben könnte. Wenn irgend möglich, sprechen Sie dann immer noch nichts an, sondern beheben es einfach.

Selbstbeobachtung:

Wie nehme ich mich selbst bei dieser Übung wahr?

Gibt es bei meinen Mitmenschen eine Veränderung durch meine neue Perspektive?

Hat dies Auswirkungen auf die Leistungsfähigkeit und das Klima in meiner Umgebung?

6.2.5. „Man sieht nur mit dem Herzen gut"

Im Kapitel 5 haben wir bereits das Sehen mit den Augen des Herzens kennengelernt.

Mit dem Herzen zu „sehen" heißt, alles anzunehmen, wie es ist – auch uns selbst, wie wir sind! Das bedeutet, sich dem Augenblick vollkommen hinzugeben, ohne etwas ändern zu wollen. Wer mit dem Herzen sieht, begegnet dem Gegenüber mit Achtung, Wertschätzung und Mitgefühl, ist achtsam mit sich selbst und anderen, offen für den Augenblick. Der Moment wird nicht durch voreiliges Schubladendenken oder vorgefertigte Gedanken- oder Gefühlskonstrukte eingeengt, sondern ihm wird die Tiefe geschenkt, die den Raum für unendliche Möglichkeiten und für ein authentisches Sein öffnet.

Wenn es uns gelingt, mit dem Herzen zu sehen, dann kann Heilung geschehen: Heilung für uns und für andere. Zum Wohle aller Beteiligten.

Wiederholen Sie die Übungen in Kapitel 5.1. und 5.2 und behalten Sie 5.6. weiterhin bei.

Dann werden wir einen Schritt weitergehen und uns einer Übung in drei Stufen zuwenden. Diese lehnt sich an die im tibetischen Buddhismus gelehrte Praxis des *Tonglen* an, die ich als eine der wesentlichsten und essenziellsten Praktiken für Frieden und Heilung betrachte. Sie lehrt uns, Momente der Freude und des Glücks zu teilen und das Unangenehme, das Schmerzliche, das Hässliche nicht zu vermeiden oder wegzusehen, sondern in unserem Herzen zu transformieren. Es ist eine Übung, die wir in jedem Augenblick in unserem Alltag anwenden können.

Doch zunächst nähern wir uns ihr in einzelnen Abschnitten. Jeder Abschnitt sollte mehrere Wochen lang geübt werden, bevor Sie zum nächsten übergehen. Die Dauer je Übungseinheit beträgt 15 bis 20 Minuten.

Übung: Mit dem Herzen sehen

Setzen Sie sich in die Meditationsposition, wie eingangs beschrieben. Nehmen Sie sieben tiefe Atemzüge.

a) Nehmen Sie dabei Ihre seelische und körperliche Befindlichkeit wahr. Bei dem nächsten Einatmen atmen Sie diese Befindlichkeit in Ihr Herz hinein und senden Ihrem ganzen Sein mit dem Ausatmen Liebe und Akzeptanz zu. Nehmen Sie die Befindlichkeit vollkommen im Raum Ihres Herzens auf und weiten Sie ihn aus.

Wenn wir uns gut fühlen, dann geht dies meist recht einfach und wir können den Augenblick genießen. Sind wir jedoch durch Schmerzen oder Unbehagen, aufwallende Gefühle oder Spannungen beeinträchtigt, stellen wir uns ein goldenes Licht in unserem Herzen vor, das unser Gefühl (oder unseren Schmerz) vollkommen aufnimmt, es transformiert und als Akzeptanz, als Annahme des Gefühls und Mitgefühl mit sich selbst wieder ausstrahlt. Wir dürfen so sein, wie wir sind. Wir nehmen uns so an, wie wir sind, und lassen unser Licht erstrahlen.

Nach einiger Übung können Sie diese Praxis auch anwenden, wenn Sie sich in einer von Spannung aufgeladenen Atmosphäre befinden, beispielsweise in einer Auseinandersetzung mit Arbeitskollegen oder einem Streit mit dem Partner. Reagieren Sie nicht sofort, sondern atmen Sie die Spannung ein, umfangen Sie sie mit dem goldenen Licht in Ihrem Herzen und strahlen Sie Tiefe, Entspannung und Leichtigkeit wieder in die Situation aus. Sie werden sehen, danach wird Ihnen ein rechter Umgang mit der Situation einfallen und die Tonart wird sowohl bei Ihnen als auch bei Ihrem Gegenüber wärmer ausfallen.

b) Verbinden Sie sich jetzt mit einem Menschen, der Ihnen sehr lieb und teuer ist. Wenn es Ihnen schwerfällt, einen solchen Menschen zu visualisieren, dann können Sie auch Ihr Haustier oder eine Pflanze nehmen. Atmen Sie tief ein und nehmen Sie dieses Wesen in Ihr Herz auf. Wenn Sie ausatmen, senden Sie mit Ihrem Atem ein Gefühl der Liebe und Annahme zu diesem geliebten Wesen. Verfangen Sie sich nicht in logische Erklärungen des Verstandes, was und wie Sie „senden".

Wenn Ihnen bekannt ist, dass dieses Wesen leidet, dann nehmen Sie dieses Leiden in Ihr Herz auf, so als wäre es Ihr eigenes, lösen es im goldenen Licht auf und senden Licht und Heilung aus.

c) Verbinden Sie sich nun mit einem Menschen oder einem Wesen, das Ihnen relativ gleichgültig ist, dem Sie aber im Prinzip freundlich gesinnt sind, zum Beispiel die Verkäuferin beim Bäcker, wo Sie regelmäßig Ihr Brot einkaufen. Nehmen Sie dieses Wesen beim Einatmen in Ihr Herz, hüllen es in goldenes Licht und senden ihm beim Ausatmen Licht und Freude.

d/1) Verbinden Sie sich mit einem Menschen, den Sie überhaupt nicht mögen, ja vielleicht sogar abscheulich finden. Öffnen Sie beim Einatmen Ihr Herz für ihn. Das wird anfangs nicht so einfach sein, doch versuchen Sie, das Herz immer ein wenig mehr auszuweiten (für den Fall großen Widerstands siehe Übung d/2). Versuchen Sie diesen Menschen ohne Urteile und Gefühle zu betrachten, als jemanden, der genauso wie Sie leidet. Finden Sie die Anteile in ihm, die liebenswert sind. Nehmen Sie ihn in das goldene Licht Ihres Herzens, vertreiben Sie die Dunkelheit der Gedanken und senden Sie ihm Wärme, Weite und Mitgefühl, wenn nicht sogar Liebe zu. Vielleicht umarmen Sie diese Person im Geiste oder streichen ihr sanft über den Rücken.

d/2) Sollten der Widerstand und die Überwindung zu groß sein, sich mit einem unangenehmen oder verhassten Menschen in Ihrem Herzen zu verbinden, dann machen Sie die Übung erst einmal mit sich selbst: Nehmen Sie beim Einatmen diesen Widerstand oder den Abscheu in Ihr Herz, erfüllen es mit goldenem Licht, weiten Ihr Herz jedes Mal ein wenig mehr und strahlen mit dem Ausatmen Offenheit, Weite und Mitgefühl für sich selbst aus.

Diese Praxis können Sie auch anwenden, wann immer Sie merken, dass Sie „dichtmachen" oder blockiert sind. Nehmen Sie dieses Sträuben und Vermeiden mit dem Atem in Ihr großes liebendes Herz auf und transformieren Sie es im strahlenden Licht Ihrer Liebe zu sich selbst und zu anderen.

e) Wenn Sie im Alltag erfreuliche Dinge um sich herum geschehen sehen, freuen Sie sich mit den Menschen, die dies erleben, als seien Sie selbst gerade beschenkt worden.

Sehen Sie leidende Wesen, sei es unmittelbar in Ihrem Umfeld, wo immer Sie sich befinden, oder im Fernsehen, dann atmen Sie dieses Leiden in Ihr Herz hinein, hüllen es in heilendes Licht und strahlen Sie zu diesen Wesen mit dem Ausatmen Liebe und Mitgefühl aus und wünschen Sie ihnen, dass sie wieder glücklich sein mögen.

Mit dem Herzen sehen ist eine Praxis, die essenziell für die Achtsamkeit im Alltag ist: Wir begeben uns in die Unmittelbarkeit unserer gegenwärtigen Erfahrung, lassen unsere Urteile und Gedanken und Gefühle los und nehmen liebend das an, was ist. Wir üben nicht spirituelle Umweltverschmutzung (wie der tibetische Meister Chögyam Trungpa das nannte), wie sie in manchen Meditationen und Übungen üblich ist, wo nur das Gute und Schöne eingeatmet und der „Müll" einfach ausgeatmet wird, sondern wir „recyceln" gewissermaßen das negativ Besetzte, indem wir es in Licht und Frieden transformieren. Frieden kann nur entstehen, wenn jeder von uns seinen inneren Frieden schafft. Aus diesem inneren Frieden kann durch die Verbindung mit dem inneren Frieden von anderen auch ein „äußerer" Friede entstehen. Wir können keinen Frieden um uns herum schaffen, wenn wir nicht zuerst in uns Frieden geschaffen haben. *Mit dem Herzen sehen* ist eine Praxis, die ein Leben lang praktiziert werden kann und praktisch universell einsetzbar ist. Sie lässt sich gut mit einer der Meditationsformen verbinden.

Darüber hinaus fördert diese Praxis das Vermögen, präsent für den Augenblick zu sein, ihn anzunehmen und alle Gedanken und Gefühle loszulassen. Dann *sind* wir wirklich!

◆ ◆ ◆

Zeit für eine kleine Geschichte:

Der Fleck

Einst lebte ein Krieger, der fünf Jahre lang leidenschaftlich für eine Frau entflammt war. Sie war filigran, sensibel, blühend und schön wie der Frühling. Ihr einziger Makel war ein weißer Punkt in ihrem rechten Auge, ein winziger Fleck, so klein wie ein Körnchen Salz. Anfangs bemerkte der Mann ihn nicht. Die Zeit verging – wie eben alles vergeht. Sein entflammtes Herz kühlte ab. Eines Tages runzelte er die Stirn.

„Frau", sagte er, „tritt ins Sonnenlicht, damit ich dich eingehender betrachten kann. Du hast einen Fleck im Auge. Seit wann hast du ihn?"

Den Kopf gesenkt, antwortete sie: „Seit du mich nicht mehr liebst."

◆ ◆ ◆

6.2.6. Farben

Farben haben auf unser Erleben und unser Wohlbefinden eine ziemlich große Auswirkung. Daher ist bei der Auswahl der Farben, die uns umgeben und unseren Körper umhüllen, Achtsamkeit geboten. Neueste Entwicklungen in alternativen Behandlungsmethoden weisen beispielsweise große Erfolge mit einer punktuellen Lichttherapie auf und jeder Arzt und Heiler, der den Prinzipien der ganzheitlichen chinesischen Medizin folgt, wird bestätigen, dass die „modische Trauerkleidung", wie mein Fahrlehrer humorvoll zu sagen pflegte, unser energetisches System blockiert und somit Krankheit Vorschub leistet. Natürlich ist Schwarz auch eine Schutzfarbe, doch wie jeder Schutzwall blockiert sie eben auch den freien Fluss und die freie Sicht auf die Umwelt, zwischen innen und außen, und in diesem Fall auch auf sich selbst.

Selbsterforschung:

1. Im fünften Kapitel (5.5.) spricht der Dichter und Mystiker Kabir von der „Farbe der Liebe". Wie sähe Ihre Farbe der Liebe aus?

2. Welche ist Ihre Lieblingsfarbe? Tragen Sie diese Farbe oft? Weshalb ist es Ihre Lieblingsfarbe? Welche Gefühle und Gedanken verbinden Sie damit?

3. Experimentieren Sie mit verschiedenen Farben:

a) Kleiden Sie sich jeden Tag möglichst in eine andere Farbe. Wenn das beispielsweise in Ihrem Job nicht möglich ist, dann beschränken Sie die Übung auf die Wochenenden. Achten Sie darauf, wie Sie sich darin fühlen: wohl, unwohl, heiter, bedrückt usw. Achten Sie auch darauf, welche Auswirkungen Ihre Kleidung auf Ihre Umgebung, Ihre Mitmenschen hat. Strahlen die Augen der anderen vielleicht das sonnige Gelb Ihres T-Shirts zurück? Verstecken Sie sich nicht! Passen Sie sich nicht den „Modefarben" an, sondern tragen Sie auch andere und finden Sie heraus, welches wirklich „Ihre" Farben sind beziehungsweise welche Farben Ihnen in welchen Momenten gut tun oder nicht zuträglich sind. Legen Sie eine Art Farben-Stimmungsbarometer für sich an und beobachten Sie, inwieweit Sie damit auch die Atmosphäre in Ihrer Umgebung verändern. Verwenden Sie schließlich verschiedene Farben als Heilmittel für sich.

b) Im Rahmen des Ihnen Möglichen wechseln Sie die Dekoration Ihres Zimmers oder Ihrer Wohnung. Experimentieren Sie mit Farben und Helligkeit. Vielleicht haben Sie ja noch schöne weiße Bettwäsche von Muttern oder der Oma, die Sie in Ihre Lieblingsfarbe einfärben mögen? Kommt bei bestimmten Farben Unbehagen oder Unruhe auf, so stellen Sie sich dieser Empfindung und versuchen Sie, bei ihr zu bleiben. Weichen Sie nicht aus, sondern gehen Sie in diese Empfindung hinein, geben Sie sich ihr hin, und vielleicht finden Sie sogar die Antwort, woher dieses Unbehagen in Bezug auf diese Farbe stammt. Forschen Sie auch nach, ob diese Vorliebe oder Abneigung bei bestimmten Farben anerzogen wurde oder Ihren eigenen Präferenzen entsprungen ist.

c) Achten Sie beim (achtsamen) Essen darauf, inwieweit Ihre Geschmacksgewohnheiten durch die Farbe beeinflusst werden. Wie würden Sie reagieren bei orangefarbenen reifen Tomaten oder reifen grünen Erdbeeren?

Versuchen Sie, Ihre Farbgewohnheiten zu ändern, indem Sie alte Farben ablegen, die Sie als Ihnen nicht zuträglich erkannt haben – wie eben alte Kleidungsstücke –, und neue annehmen. Seien Sie auch achtsam, in welchem Umfeld Ihnen welche Farbe gut tut. Da wir uns stetig verändern, werden auch diese neuen Gewohnheiten irgendwann wieder zu alten Gewohnheiten und unsere Achtsamkeit hinsichtlich der Farben wird wieder einen Wandel herbeiführen. Seien Sie mutig, wenn Sie Ihre Farbe gefunden haben. Lassen Sie sich nicht durch Gerede oder Blicke verunsichern. Haben Sie den Mut und das Vertrauen, Sie selbst zu sein! Wenn wir authentisch sind, wird auch unsere äußere Hülle, die Kleidung, authentisch sein.

6.2.7. Kontemplation

Kontemplation ist eine in vielen spirituellen Traditionen in Ost und West sehr verbreitete Übung. In diesem Rahmen möchte ich jedoch nicht auf die vielfältigen Weisen der Kontemplation eingehen, sondern die Übung sehr praktisch in ihrem wörtlichen Sinne, dem beschaulichen Betrachten, behandeln. Kontemplation, wie ich sie verstehe, ist ein Sichversenken in einen Gegenstand oder einen Organismus, wobei die Gedanken und Gefühle des Ego sich allmählich beruhigen und der Geist und das Herz sich öffnen können.

Sicherlich gibt es vielfältige Objekte der Kontemplation, aber in diesem Zusammenhang möchte ich zwei, die mir sehr nahe sind, besonders hervorheben: die Kontemplation von Kunstwerken und die von Gärten oder Aspekten der Natur.

Übung:

Jede Übung kann zwischen 15 und 30 Minuten dauern. Wenn Sie einige Übung haben, möchten Sie sie vielleicht sogar auf eine Stunde ausweiten.

1. Kontemplation eines Kunstwerks

Setzen Sie sich in aufrechter Haltung wie bei der Sitzmeditation vor ein Kunstwerk – eine Skulptur, ein Gemälde, eine Kalligraphie, eine Zeichnung, ein Foto oder Ähnliches. Blicken Sie auf das Kunstwerk mit aufmerksamem und zugleich vielgerichtetem schweifendem Blick (siehe *Seh-Gang* in 6.2.3.). Versenken Sie sich allmählich in das Werk. Wandern Sie beispielsweise in einem Gemälde umher, nehmen Sie wahr, was sich alles dort befindet. Oder empfinden Sie eine Skulptur so, als würden Sie mit ihr eins werden, zu dieser Skulptur werden. Welche Empfindungen tauchen dabei auf? Fallen Ihnen Ebenen auf, die Ihnen in Ihrer alltäglichen Wahrnehmung entgehen? Wie wirkt das Kunstwerk auf Sie, Ihre Gemütsverfassung, Ihren Geist? Erzählt es Ihnen womöglich eine Geschichte?

2. Kontemplation eines Gartens oder von Natur

Suchen Sie einen Garten oder einen freundlichen Ort in der Natur auf, wo es eine Sitzgelegenheit im Schatten gibt. Ansonsten bringen Sie einen kleinen Hocker mit. Wenn es Sie nicht stört, möglicherweise von Insekten bekrabbelt zu werden, können Sie sich auch auf den Boden setzen.

Setzen Sie sich mit aufrechter Haltung wie bei der Meditation an den Rand des Hockers, die Füße gut im Boden verwurzelt und die Beine parallel ausgerichtet. Strecken Sie Ihre Wirbelsäule noch ein wenig mehr und nehmen Sie drei tiefe Atemzüge. Mit jedem Ausatmen lassen Sie das zurück, was Sie zuvor beschäftigt hat.

Richten Sie Ihren Blick nun auf einen Busch, eine Blume, einen Felsen oder einen Aspekt des Gartens. Wenn Sie sich einen Baum als Kontemplationsobjekt ausgesucht haben, achten Sie darauf, dass er nicht zu groß ist, damit Sie nicht ständig hinauf- und hinuntersehen müssen. Nehmen Sie eine schweifende Blickweise ein, zentrieren Sie sich auf das gewählte Objekt und lassen Sie die Gedanken und Gefühle dabei kommen und gehen, wie die Wolken am Himmel. Atmen Sie ruhig ein und aus und nehmen Sie Ihr Objekt vollkommen wahr. Seien Sie präsent für das Objekt. Öffnen Sie sich für das Objekt und verbinden Sie sich mit ihm. Versuchen Sie, sich ihm hinzugeben, bis Sie in ihm aufgehen, zu einem Teil oder dem Ganzen von ihm werden. Nehmen Sie den Wind wahr, der durch Ihre Zweige oder Blätter streift?

Wenn Sie einmal das Glück haben, einen echten japanischen Zen-Garten besuchen zu können, dann empfehle ich Ihnen, auf das Erlebnis einer Kontemplation nicht zu verzichten: Achten Sie auf jedes noch so kleine Detail, wie ein auf dem Moos scheinbar achtlos liegen gelassenes Blatt oder die verwaschenen Farben der Mauer, die den Garten umfriedet. Gleichzeitig schweift Ihr Blick jedoch über die Unendlichkeit des Ozeans (der durch Sand oder Kies symbolisiert wird) und erforscht die verschiedenen felsigen Inseln …

Jede Kontemplation ist wie eine Reise nach außen, zum Gegenstand unserer Betrachtung, und gleichzeitig nach innen, zu uns selbst. Es entsteht eine Wechselwirkung zwischen uns und dem Objekt, indem wir uns dem Objekt hingeben und das Objekt in uns ruht.

Vielleicht mögen Sie ja ein „Reisetagebuch" über Ihre Kontemplationen führen? Ich bin immer wieder erstaunt, welche Kraft und Weisheit solchen Momenten innewohnt und mir Antworten auf Fragen gibt, die ich nie als solche gestellt habe, aber die immer in mir schlummerten. Die Eindrücke festzuhalten und später noch einmal zu lesen ist nicht nur eine schöne Erinnerung an unser unmittelbares

Erleben, sondern bezeugt oft auch die uns innewohnende Weisheit und Intuition.

◆ ◆ ◆

6.3. Wer schmeckt, der weiß

„Wer schmeckt, der weiß" ist ein altes Sprichwort aus der Sufi-Tradition. Wir können beispielsweise eine Orange nehmen, ihre kugelförmige Form wahrnehmen, die porige Schale betrachten und ihren Duft einatmen. Wir können sie schälen, die weißen Häutchen entfernen, ihr Fruchtfleisch öffnen, den Saft herausfließen lassen. Wir können all dies tun, damit aber noch nichts über den Geschmack sagen. Wir können sie unter ein Mikroskop legen oder einen Dokumentarfilm über ihre Bestandteile drehen, aber wir wissen immer noch nicht, wie sie schmeckt. Erst dann, wenn wir ein Stück Orange achtsam und präsent in den Mund stecken, können wir ihre Konsistenz und ihren Geschmack wirklich erfahren.

Stop! Überprüfen Sie Ihren Gaumen. Ist Ihnen vielleicht beim Lesen dieses Abschnitts das Wasser im Munde zusammengelaufen? Schmecken Sie bereits die Orange?

Achtsames Essen ist einer der Aspekte, die am einfachsten in unseren Alltag zu integrieren sind. Wir erfahren die Unmittelbarkeit des Augenblicks mit dem Geschmackssinn. Beginnen Sie zunächst mit einer Frucht, einer Zwischenmahlzeit oder einem Snack, gehen Sie dann zu einer kleinen Mahlzeit über, wie zum Beispiel dem Frühstück, und weiten Sie die Übung weiter auf ein ganzes Mittag- oder Abendessen aus. Versuchen Sie schließlich, bei allen Mahlzeiten des Tages langsam und achtsam zu essen und zu trinken.

6.3.1. Übung: Achtsames Essen

Achtsam zu essen erfordert einen gewissen Rahmen, in dem Sie sich auf Ihre Speise konzentrieren können. Was schmecken Sie, wenn im Fernseher gerade über Massaker und Krieg, Katastrophen und Skandale berichtet wird, die die Gemüter erregen? Und merken Sie, wenn Sie die Sendung verfolgen, wann Sie satt sind? Oder essen Sie nur noch aus Gewohnheit weiter? Räumen Sie daher lieber solche Gewohnheiten beiseite, stellen Sie Fernseher und Videos ab und genießen Sie Ihr Essen mit allen Sinnen!

Bevor Sie sich zum Essen niedersetzen (versuchen Sie das Stehen beim Essen zu vermeiden!), nehmen Sie einen tiefen Atemzug. Wenn das Essen vor Ihnen liegt oder steht, halten Sie einen Moment inne, um dafür zu danken, dass Sie etwas so Köstliches zu essen haben. Sie können auch laut ausgesprochen oder in Gedanken allen Menschen und Wesen wünschen, die in diesem Augenblick weniger glücklich dran sind als Sie, dass auch sie zu essen haben mögen. Wenn jemand für Sie kocht oder das Essen vorbereitet hat, danken Sie auch diesem Menschen für die Ihnen entgegengebrachte Fürsorge und Aufmerksamkeit.

An zwei Beispielen gebe ich Ihnen eine Vorstellung, wie diese Übung schmecken kann.

1. Eine Frucht essen

Nehmen wir eine Birne. Nehmen Sie die (wahrscheinlich zuvor gewaschene) Birne in die Hand und sehen Sie sich die Form an. Ist sie bauchig, langgestreckt oder eher unregelmäßig gerundet?

Fühlen Sie die Beschaffenheit der Oberfläche: Ist sie eher glatt oder rau, großporig oder schrumpelig?

Riechen Sie an ihr: Duftet sie süß oder eher herb? Bekommen Sie schon eine Idee, wie sie schmecken wird?

Sie können die Birne nun auch leicht drücken: Ist das Fruchtfleisch fest oder schon weich oder gar an manchen Stellen leicht matschig?

Nachdem Sie mit Ihren anderen Sinnen nun Ihren Geschmackssinn eingestimmt haben, beißen Sie in die Birne. Nehmen Sie die Konsistenz des Fruchtfleischs wahr: Ist es eher glitschig und saftig oder leicht körnig? Schließen Sie nun die Augen und konzentrieren Sie sich auf Ihren Gaumen. Wie schmeckt die Frucht, wenn Sie sie langsam zerkauen und auf der Zunge zergehen lassen? Wie ist der

Geschmack, der nach dem Genuss des Stückchens im Mund zurückbleibt? Und der nächste Bissen? Schmeckt er genauso wie der Erste? Und wie schmeckt die Schale? Wie ist der Geschmack nahe am Kerngehäuse?
Essen Sie so sehr langsam die ganze Birne.

2. Achtsam frühstücken

Kehren wir zu unserem oben bereits erwähnten Frühstückstisch zurück. Bestimmt haben Sie schon bei der ersten Übung, eine Frucht zu essen, erkannt, dass die Langsamkeit des Essens eine wichtige Rolle bei der Achtsamkeit spielt.

a) Das Frühstück beginnt bereits mit den Vorbereitungen, wie Wasser aufzusetzen, Kaffee oder Tee zu bereiten, den Tisch zu decken und vielleicht mit einer Blume oder einer schönen Serviette zu dekorieren. Arrangieren Sie das Geschirr und die Lebensmittel auf eine für das Auge harmonische Weise, damit auch das Auge „schmecken" kann. Führen Sie jede dieser Handlungen sehr langsam aus und seien Sie vollkommen präsent. Versuchen Sie, an nichts weiter zu denken als an das, was Sie gerade tun. Wenn Gedanken auftauchen, hängen Sie nicht an ihnen; nehmen Sie sie einfach zur Kenntnis und fahren Sie mit Ihren Vorbereitungen fort.

Nach einigen Malen werden Sie sich wahrscheinlich wundern, dass Sie, obwohl Sie alles sehr langsam ausführen, viel schneller sind als gewöhnlich, wenn Sie mit den Gedanken woanders oder/und bei den Handhabungen fahrig sind.

b) Kurz bevor Sie zu essen beginnen, halten Sie einen Moment inne, um für die Speise zu danken und dem Menschen, der den Tisch so schön gedeckt hat. Wenn es sich um Sie selbst handelt, danken Sie sich selbst!

Erkunden Sie, wie im ersten Teil beschrieben, mit den anderen Sinnen, vor allem Augen und Nase, die Speise, die Sie gleich zu sich nehmen werden. Vielleicht probieren Sie vom Brötchen einfach einmal einen Bissen ohne Belag; kauen Sie ihn lange und schmecken Sie, wie süß er im Mund wird. Und dann bestreichen Sie den nächsten Bissen nur mit Butter und probieren wieder langsam, wie diese Kombination schmeckt. Und beim dritten Mal streichen Sie noch etwas Honig auf die Butter. Wie verändert sich der Geschmack in Ihrem Mund? Wie die Konsistenz der Speise?

Essen Sie das Brötchen, als würden Sie so etwas zum ersten (oder zum letzten) Mal in Ihrem Leben essen. Seien Sie eine Forscherin, die ein neues Gebiet erkundet. Nehmen Sie nun den Kaffee oder Tee hinzu. Wie schmeckt er heute? (Sie können auch experimentieren, wenn Sie einmal anderes Wasser, zum Beispiel Mineralwasser, für die Zubereitung verwenden. Welchen Einfluss hat es auf den Geschmack Ihres Tees?) Und wie verbindet sich jetzt der Duft und Geschmack des Kaffees mit der Süße Ihres Brötchens im Mund?

Was? Sie sind schon satt?

Ja, das ist ein erfreulicher Nebeneffekt beim achtsamen Essen: Wir spüren, wann wir satt sind und wann wir nur aus Gewohnheit oder Gier weiteressen. Wir hören auf zu essen, wenn unser Sättigungspunkt erreicht ist. Bei regelmäßiger Übung kann sich achtsames Essen also nicht nur auf unsere Linie, sondern auch auf unseren Geldbeutel vorteilhaft auswirken. Denn achtsames Schmecken bewirkt, dass wir bewusster und dadurch Gesünderes einkaufen. Der Fokus verschiebt sich leicht von Quantität zu Qualität und beeinflusst auf diese Weise letztlich unser gesamtes Essverhalten. Auf diese Weise brauchen wir uns auch nicht mit Diäten zu quälen und dadurch ständig ans Essen zu denken. Wir können vielmehr unser Essen genießen und den Raum, den wir mit Sorgen um unsere Linie besetzen, mit erfreulicheren Dingen füllen.

Tiefsitzende Gewohnheiten zu verändern ist sehr schwer. Mit Achtsamkeit geht es jedoch sehr viel einfacher und müheloser und macht meistens sogar noch Spaß. Schmecken Sie das Leben! Das Leben ist zu kurz, um sich mit Diäten eine köstliche Erfahrung zu verderben. Genießen Sie also, was Sie essen.

Wer schmeckt, der weiß! Das bedeutet nicht nur, voller Experimentierfreude und Offenheit achtsam unsere Nahrung zu erkunden und auszukosten. Es bedeutet auch, den Mut zu Erfahrungen zu haben – Erfahrungen, die uns klug machen und uns erkennen lassen, wer wir sind und wo wir sind.

Wer schmeckt, der weiß bedeutet, selbst zu schmecken, die Authentizität der Erfahrung selbst zu machen und nicht nur den Berichten anderer Glauben zu schenken. Wir können nur wissen, wie etwas schmeckt, wenn wir es selbst gekostet haben. Nur die Unmittelbarkeit unserer eigenen Erfahrung schenkt uns den Geschmack des Lebens.

◆ ◆ ◆

Das Geheimnis des Glücks

Einmal kam jemand zu Mullah Nasruddin und stellte ihm die Frage: „Was ist das Geheimnis des Glücks?"

Nasruddin kratzte sich den Bart, überlegte eine Weile und antwortete dann: „Das Geheimnis des Glücks ist gutes Urteilsvermögen."

„Ah", sagte der Mann. „Und wie erlange ich gutes Urteilsvermögen?"

„Durch Erfahrung."

„So?", entgegnete der Mann, „aber wie bekomme ich Erfahrung?"

„Durch ein schlechtes Urteilsvermögen."

◆ ◆ ◆

6.4. Der Duft der Rose

Eng verbunden mit unserem Geschmackssinn ist unser Geruchssinn. Der Duft ist, ebenso wie der Geschmack, etwas, das man selbst erfahren muss und das nicht aus zweiter Hand zu vermitteln ist. Für die Sufis, Menschen, die den Weg des Herzens gewählt haben, ist der Duft der Rose Symbol für die Essenz des Geistes. Duft ist nicht fassbar, nicht greifbar, nicht einschließbar oder zu vermitteln. Man muss selbst an der Rose gerochen haben, um ihren Duft wahrnehmen und so die Essenz der Rose erkennen zu können.

Auf unseren Alltag übertragen, bedeutet das für uns, achtsam auf Gerüche zu achten und wie sie uns in unserem Leben beeinflussen.

6.4.1. Übung: Der Schnupper-Gang

Diese Übung funktioniert im Prinzip wie der *Seh-Gang*. Anstelle des Sehens achten Sie auf alle Gerüche, die Ihnen auf Ihrem Weg begegnen. Finden Sie auch heraus, wie unterschiedlich es zu den verschiedenen Jahreszeiten riecht. Wie im Frühling der Duft einer Glyzinie herübergeweht wird, im Sommer der Geruch vom frisch gemähten Gras vom naheliegenden Grünstreifen in die Nase steigt, wie die Gullys stinken, bevor es regnet, wie es auf Ihrem Weg nach dem ersten Frost oder beim ersten Schnee riecht, wie der Geruch der modernden Blätter sich im Herbst verändert. Wenn Sie beide Gänge eine Zeit lang getrennt praktiziert haben, können Sie den *Seh-Gang* auch zusammen mit dem *Schnupper-Gang* unternehmen.

6.4.2. Übung: Die Riechprobe

Dies ist eine Übung, die Sie, wie bei einer Weinprobe, besser zusammen mit einigen Freunden oder Bekannten machen. Das ist nicht nur lustiger, sondern auch effektiver und interessanter. Jeder der Beteiligten bringt einige Duftproben in verschraubbaren Gläsern mit, deren Inhalte vorerst noch geheim sind. Angenehmer zu riechen sind natürlich Proben von frisch gemahlenem Kaffee in einem Glas, in einem anderen vielleicht die frisch gezupften und sofort eingeschlossenen Stängel von Strauchtomaten, Kirschkonfitüre oder ein Stückchen Zitrone. Doch scheuen Sie sich nicht, auch unangenehme Gerüche in die Gläser zu füllen, wie etwa eine schon etwas angefaulte Bananenschale, etwas Zigarettenasche und eine Kippe oder eine angefaulte Erdbeere. Aber Vorsicht: Verwenden Sie keine Säuren oder starken Putzmittel, die beim Einatmen zu Verätzungen oder Ähnlichem führen können.

Eine Teilnehmerin spielt die Leitung und reicht allen anderen ein Glas nach dem anderen zum Schnuppern. Mit geschlossenen Augen riechen alle an jedem Glas und schreiben nach jeder Riechprobe auf, was sie meinen, gerochen zu haben. Die Leitung wird gewechselt, sodass auch die „Leiterin" alle Gläser mit geschlossenen

Augen schnuppern kann. Zum Schluss tauschen Sie sich über die wahrgenommenen Gerüche aus. Erst am Ende lüften diejenigen, die die Gläser gefüllt haben, den Schleier, welchen Duft sie in ihr Glas gegeben haben.

Fangen Sie beim ersten Mal mit relativ einfachen Düften an und werden Sie bei jedem Mal ein wenig feiner und differenzierter.

◆ ◆ ◆

In der Nähe des Ortes, wo ich in Frankreich wohne, gibt es ein mittelalterliches Dorf mit einem kleinen Weinmuseum, wo man seinen guten Geruchssinn unter Beweis stellen kann: In verschlossenen Glasflakons befinden sich verschiedene Aromen, die in den regionalen, sehr köstlichen, Weinen zu schmecken sind, wie zum Beispiel Himbeere, Lakritze, Schwarze Johannisbeere, Vanille ... Wenn man die hübschen Holztäfelchen über den Schildern, die die Aromen bezeichnen, nach oben zieht, kann man die Lösung erfahren. Es macht uns immer wieder Spaß, eine kleine Riechprobe zu unternehmen, wenn wir in dem Dorf sind. Denn nicht immer riecht eine Duftprobe gleich und unser Geruchssinn ist nicht immer gleich ausgeprägt. Möge Ihnen dies als eine kleine Anregung dienen – und falls Sie gute Weine lieben, Sie dazu ermuntern, vor der eigentlichen Weinprobe einmal eine tiefere Riechprobe vorzunehmen.

Da der Geruchssinn so eng mit unserem Geschmackssinn verbunden ist, empfehle ich Ihnen, wenn Sie einige Übung haben, die Praktiken des achtsamen Essens mit dem achtsamen Riechen zu verbinden.

6.4.3. Der Duft der Rose

... kommt heute oftmals aus dem Reagenzglas der Chemielabors. Doch spätestens seit dem Roman *Das Parfüm* von Patrick Süskind wissen wir, wie stark wir unterbewusst von Düften beeinflusst werden. Nachdem ich das Buch gelesen hatte, roch ich plötzlich so viel mehr als vorher. Ging Ihnen das auch so?

Zu unserem ersten Eindruck gehört auch die Information, ob Sie jemanden gut leiden oder aber nicht riechen können. Heute verwenden wir eine ganze Palette von fremden, meist chemischen Düften, die unsere eigenen Körpergerüche überdecken oder gar dämpfen sollen. Aber wissen Sie, wie Sie wirklich riechen? Kennen Sie den Geruch unter Ihren Achseln oder im Schritt?

Anregung: Freunden Sie sich mit dem Ihnen eigenen Duft an und überprüfen Sie mit Achtsamkeit, ob Sie wirklich diesen Duft übertönen möchten. Verzichten Sie beispielsweise mal eine Weile auf das Deo und nehmen Sie wahr, wie Sie riechen.

Wie wir riechen, weist außerdem auf unseren seelischen Zustand hin. Wenn wir vor Angst schwitzen, riechen wir anders, als wenn wir ein knackiges Tanztraining hinter uns haben und pitschnass, aber glücklich sind. Als ich Tanz unterrichtet habe und alle vollkommen nass geschwitzt waren, fand ich den Geruch niemals unangenehm. Wenn ich hingegen öffentliche Verkehrsmittel benutze und manches Eau de Toilette riechen muss, kann es schon passieren, dass ich eine Haltestelle eher aussteige, weil es für mich regelrecht stinkt. Als ich vor einigen Jahren zum ersten Mal in Japan war, fiel mir äußerst angenehm auf, dass niemand ein stark riechendes Parfüm zu benutzen schien, auch wenn das Parterre der großen Kaufhäuser genauso mit den Verkaufsständen großer Parfümhersteller bestückt ist wie in jeder europäischen Großstadt. Aufgrund der Abwesenheit starker Duftreize konnte man dafür wunderbar selbst die kleinsten Inseln von Natur in der Stadt, etwa das Holz der Bäume in einem Park und die duftenden Blumen vor einem Haus, wahrnehmen und Geist und Herz daran erfreuen.

Der echte Duft der Rose kann unser Herz öffnen und wirkt auf das Zentrum unseres Seins. Er schafft Harmonie und liebende Tiefe, und bewirkt die Aktivierung unseres Herzzentrums.

Begeben Sie sich auf die Suche nach Ihrem „Parfum", nach dem Duft, der Ihren eigenen Körperduft unterstützt und mit dem Sie sich wohlfühlen. Ja, der Ihnen vielleicht sogar Heilung bringen kann. Schnuppern Sie achtsam und experimentieren Sie, ähnlich wie mit den Farben, bis Sie Ihren Duft oder Ihre Auswahl an Düften gefunden haben. Es gibt eine große Anzahl an ätherischen Ölen, die auf natürliche Weise aus Pflanzen oder Blüten hergestellt sind. Es würde jedoch den Rahmen dieses Buches sprengen, hier über die Wirkungen und Anwendungen der Aromatherapie zu sprechen. Informationen zur Aromatherapie finden Sie in vielen gut sortierten Buchhandlungen. Ich möchte Sie jedoch dazu ermuntern, zuerst in Ihrem Umfeld und auf dem Markt oder in der Natur selbst nach Düften für sich zu forschen. Ich habe beispielsweise immer ein kleines Säckchen mit Lavendelblüten unter meinem Kopfkissen liegen und nehme es auch mit, wenn ich auf Reisen bin. Wenn ich nachts aufwache und Mühe habe, wieder einzuschlafen, drücke ich die Blüten in dem Säckchen etwas und schnuppere daran. Der wohltuende und beruhigende Duft des Lavendels lässt mich dann meist schon bald wieder meinen Schlaf finden. Wir müssen also nicht sofort losrennen und alle möglichen Dinge kaufen. Meist begegnen uns die Dinge auf ganz einfache Weise. Achten Sie einfach darauf, was Ihnen begegnet.

Mein Körper wird überflutet
Von der Flamme der Liebe.
Meine Seele lebt in einem
Schmelzofen von Seligkeit.

Der Duft der Liebe
Erfüllt meinen Mund,
Und wirbelt mit jedem Ausatmen
Durch alle Dinge.

– Kabir –

◆ ◆ ◆

101

6.4.4. Achtsames Riechen

Achtsames Riechen kann uns im Alltag außerdem helfen, kleine oder größere Unglücke zu vermeiden. Wir riechen, wenn der Kuchen im Ofen anzubrennen droht oder die Nudeln überkochen. Wir riechen, wenn Gas austritt oder im Haus oder bei den Nachbarn ein Feuer ausgebrochen ist. Und es hilft uns bei Entscheidungen, Prioritäten zu setzen. Wenn beispielsweise der Müll sehr unangenehm riecht, bin ich eher geneigt, mich um dessen Entsorgung zu kümmern, als Staub zu wischen.

◆ ◆ ◆

6.5. Achtsames Berühren

Der Elefant

Einst wurde in einem dunklen Raum ein Elefant ausgestellt. Viele Leute reisten herbei, um ihn zu sehen. Doch da es vollkommen dunkel war, mussten sie ihn mit ihren Händen ertasten. „Ah", sagte der eine, „der Elefant fühlt sich an wie ein Baumstamm", denn er hatte das Bein berührt. Diejenige, die die Ohren fühlte, rief: „Der Elefant gleicht einem Fächer." Ein anderer, der den Rüssel anfasste, meinte: „Der ist ja wie eine Rohr, und einer, der seinen Rücken berührte, sprach: „Ein Elefant gleicht wohl einem Thron" So erfuhr ein jeder eine andere Wahrheit.

– Frei nach Mevlana Dschelaluddin Rumi erzählt –

◆ ◆ ◆

Unser Tastsinn ist derjenige unserer Sinne, der in einer modernen Welt aus Stahl und Beton, aus Kunststoff und synthetischen Fasern leicht ins Hintertreffen gerät. Es gibt nicht mehr viel, was uns zum Berühren, Fühlen, Anfassen, Tasten einlädt. Dabei ist der Tastsinn neben dem Schmecken und Riechen sicherlich der sinnlichste unserer Sinne, der uns unglaublich erfreuen und uns Lust schenken kann.

Wenden wir uns deshalb mittels einiger Übungen diesem so feinen Sinn zu.

6.5.1. Tanz der Hände

Kennen Sie die Beschaffenheit Ihrer Haut? Zum Beispiel die Ihrer Hände? Nehmen Sie sich 3 bis 5 Minuten Zeit und setzen oder stellen Sie sich in eine komfortable Position. Schließen Sie die Augen und berühren Sie sanft alle Bereiche Ihrer Hand. Nehmen Sie dazu zuerst Ihre nicht dominante Hand (das heißt, bei Linkshändern die rechte und bei Rechtshändern die linke Hand). Fahren Sie sanft mit der aktiven Hand über die Außenseite der passiven Hand, dann über die Innenseite. Welche Unterschiede können Sie spüren? Lassen Sie dabei die aktive Hand sich mit deren Außenseite in die Innenseite der passiven Hand rollen und drehen, und dann mit Daumen und Zeigefinger oder mehr Fingern die einzelnen Finger der passiven Hand abstreichen. Wechseln Sie dann die aktive und passive Rolle der Hände und lassen Sie sie miteinander und ineinander tanzen, ohne Bruch einander berühren und abstreichen, miteinander kreisen. Lassen Sie dabei gern Bewegungen spontan entstehen. Es gibt kein Falsch und kein Richtig.

Diese Übung ist auch eine wunderbar spielerische Partnerübung, sei es mit Ihrem eigenen Partner oder aber mit (älteren) Menschen, die zu wenig Berührung erfahren und sie deshalb scheuen, denn der spielerische Charakter der Übung vermittelt eher etwas Leichtes von Federn und Flügeln als von Festhalten und Klammern und wird daher eher angenommen als andere Berührungen.

6.5.2 Achtsam Früchte und Gemüse berühren

Bevor Sie kochen oder Salat oder Früchte zubereiten, nehmen Sie sich etwa 3 bis 5 Minuten Zeit und setzen sich ruhig hin. Nehmen Sie die Frucht oder ein Gemüse in die Hände und schließen Sie nun die Augen. Streichen Sie über die Frucht oder das Gemüse, ertasten Sie die Beschaffenheit der Oberfläche und wie sie sich unter Ihren Händen anfühlt.

Noch mehr Spaß macht die Übung, wenn Sie sie zu zweit mit einer Auswahl an Früchten und Gemüsen ausführen: Sie verbinden sich mit einem Tuch oder Schal die Augen und Ihr Partner oder Ihre Partnerin führt Sie jeweils an die unterschiedlichen Früchte heran, die Sie dann mit Ihrem Tastsinn erkennen werden. Anschließend wird gewechselt.

Ich finde es immer wieder erstaunlich, wie sinnlich nicht nur unsere Früchte, sondern auch unsere Gemüse sind. Haben Sie zum Beispiel einmal die seidenweiche Schale einer Aubergine nur mit den Händen „gesehen"? Ein Gedicht, sage ich Ihnen!

6.5.3. Heilsame Berührung

1. „Energie weben"

Setzen oder stellen Sie sich bequem, aber aufrecht hin und reiben Sie die Handflächen kräftig aneinander, bis sie warm werden. Nun entfernen Sie die Hände ein wenig voneinander, wobei die Handflächen immer einander zugewandt bleiben. Achten Sie jetzt auf den Raum zwischen Ihren Händen und fühlen Sie, was zwischen beiden Händen entsteht. Für mich fühlt es sich an wie ein Magnetfeld, ein Kraftfeld mit verschiedenen Polen, die sich an bestimmten Stellen anziehen und an anderen abstoßen. Andere empfinden es eher so, als würde es zwischen den Händen kribbeln oder als befände sich ein weicher Ballon aus Energie zwischen den Handflächen. Falls das Feld schnell verschwindet, wiederholen Sie das Reiben der Hände noch einmal.

Wenn Sie das Kraftfeld zwischen Ihren Händen gut wahrnehmen können, dann ziehen Sie die Hände etwas weiter auseinander (die Handflächen bleiben während der ganzen Übung einander zugewandt), nähern sie wieder an und ziehen sie noch etwas weiter auseinander. Spielen Sie damit wie mit einer Ziehharmonika oder einem Gummiband. Ziehen Sie die Hände in die Diagonale, Waagerechte, Senkrechte auseinander und zueinander, wie Sie möchten. Spielen Sie! Nehmen Sie die Hände nur so weit auseinander, dass Sie das Kraftfeld noch spüren.

Selbstbeobachtung:

Während die Hände das Kraftfeld halten, was geschieht in meinem übrigen Körper? Verändert sich etwas in meiner Stimmung?

◆ ◆ ◆

Dieses *Energieweben* ist eine Aktivierung Ihrer eigenen Heilkräfte, die Sie dazu verwenden können, sich selbst Linderung zu verschaffen. Nachdem Sie das Kraftfeld aktiviert haben, können Sie sich die Hände beispielsweise einige Minuten auf die leicht geschlossenen Augen legen, um sie zu entspannen und Überanstrengung zu vermeiden, wenn Sie zum Beispiel viel am Bildschirm arbeiten müssen. Sie können überall, wo Sie es benötigen, die Hände auflegen. Zentrieren Sie sich dazu in Ihrem Herzzentrum, generieren Sie die Kraft in Ihren Händen und legen Sie die Hände auf die Stelle, wo Sie sie brauchen. Atmen Sie außerdem ins Herz ein und zu der Stelle hin aus, die der Heilung bedarf.

Wenn Sie sich bei dieser Übung sicher fühlen, können Sie auch – nachdem Sie achtsam innerlich um Erlaubnis gebeten haben – Ihrem Haustier oder anderen Menschen die Hände zur Linderung auflegen. Es ist allerdings sehr wichtig, dabei zuvor achtsam die Situation zu erkennen und zu wissen, ob diese Intervention angebracht ist oder nicht. Nicht immer ist die Arbeit mit der Kraft der Hände in diesem Augenblick, an dieser Stelle, zu diesem Zeitpunkt von Nutzen. Lauschen Sie deshalb sehr achtsam auf Ihr Herz und das, was in diesem Moment wirklich nötig ist. Manchmal hilft es einem Menschen mehr, wenn er sich selbst hilft.

2. Den Baum umarmen

Diese Praxis hat eine sehr nährende und harmonisierende Wirkung auf unseren gesamten Organismus und fördert einerseits unsere Verwurzelung im Boden der Wirklichkeit und zum anderen die Zentriertheit und Öffnung unseres Herzens für uns und andere.

Zudem fühle ich mich anschließend sehr erfrischt und gestärkt, so als wäre die Kraft des Baumes auf mich übergegangen. Dauer der Übung: so lange Sie mögen.

a) Gehen Sie in einen Park oder in die Natur und lassen Sie sich von einem Baum, der unten nicht verzweigt ist, „ansprechen". Gehen Sie zu ihm und legen Sie die Arme waagerecht so um ihn herum, dass Ihre Handflächen auf seiner Borke aufliegen und Sie die Struktur der Oberfläche spüren können. Nehmen Sie durch das Kraftfeld in den Händen die Lebendigkeit und Kraft des Baumes wahr und verbinden Sie sich mit ihm. Gleichzeitig stellen Sie die Beine, auf Hüftbreite geöffnet und in den Knien leicht und locker gebeugt, fest auf den Boden und verwurzeln Ihre Füße tief in die Erde. Die Wirbelsäule ist hoch gestreckt wie der Baum; der Scheitelpunkt wird von einem goldenen Faden nach oben und das Steißbein leicht nach unten gezogen. Wenn Sie können und mögen, können Sie den Baumstamm auch mit Ihrem Herzzentrum berühren. Spüren Sie nun, wie sich ein Kreis von Energie von den Fingerspitzen der einen Hand (wie beim *Energieweben)* über den Arm zum Herzen und von dort zum anderen Arm, zu den Fingerspitzen der zweiten Hand und wieder zur ersten Hand schließt. Atmen Sie mit dieser Kreisbewegung und bleiben Sie mit der Kraft des Baumes verbunden. Zum Beenden atmen Sie tief ein und streichen mit dem Ausatmen die Handflächen am Baum hinab. Wenn Sie möchten, können Sie sich beim Baum für seine „Gastfreundschaft" bedanken.

Selbstbeobachtung:

Wie fühlten Sie sich vor der Übung?

Wie ging es Ihnen während des Kontakts mit dem Baum?

Wie geht es Ihnen jetzt?

Hat die Übung Sie erfrischt oder angestrengt?

b) Eine Variation dieser Übung stammt aus dem Qigong, der feinstofflichen chinesischen Energiearbeit. Sie funktioniert im Prinzip genauso wie oben ausgeführt, nur dass Sie sich den Baum vorstellen müssen, die Übung also überall – auch in einem Raum – ausführen können.

Beginnen Sie dazu mit dem Weben der Energie. Wenn Sie das Kraftfeld spüren, ziehen Sie die Hände so auseinander, dass Sie es zwischen den Fingerspitzen Ihrer Hände fühlen können. Stellen Sie sich nun mit auf Hüftbreite geöffneten, leicht gebeugten Beinen gut verwurzelt auf den Boden und bilden Sie auf Herzhöhe mit den Armen vor sich einen Kreis, der durch die Kraft zwischen den Fingerspitzen geschlossen wird. Umarmen Sie Ihren imaginären Baum und atmen Sie aus dem Boden zum Herzen und von dort im Kreis durch die Arme und Hände um den „Baum" herum. Seien Sie Ihrer aufrechten und geraden Wirbelsäule gewahr, die wie ein Baum in den Himmel ragt. Verweilen Sie einige Minuten in dieser Position, ohne starr zu werden. Bleiben Sie im Fluss Ihres Atems und des Energiekreislaufs.

Zum Beenden der Übung nehmen Sie einen tiefen Atemzug und streichen beim Ausatmen in 2 bis 3 Zentimeter Abstand von der Körperoberfläche mit den Handflächen vom Scheitel bis hinunter zu den Füßen an Ihrem Körper entlang hinab.

3. Achtsames Duschen

Achten Sie beim Duschen darauf, wie sich das warme Wasser auf den einzelnen Bereichen der Haut anfühlt. Spüren Sie die Konsistenz der Seife oder des Duschgels auf den verschiedenen Körperbereichen. Nehmen Sie die einzelnen Wassertropfen wahr, die wie Perlen auf der Haut liegen. Spüren Sie, wie sich die Poren unter dem warmen Wasser öffnen. Oder wie sich der Wasserfilm zwischen der Hand und Ihrer Haut anfühlt, wenn Sie auf der Haut entlangstreichen.

KAPITEL 7

Vom achtsamen Hören

Musik

Eines Tages fragte jemand Nasruddin: „Welche Musik hörst du am liebsten?" Er entgegnete: „Die Musik von Tellern und Schüsseln."

◆ ◆ ◆

Haben Sie schon einmal wahre Stille erfahren? Eine Stille, die so vollkommen ungestört ist, dass sie manchmal als dröhnend empfunden wird? Eine Stille, in der Sie eins sind?

In unserer heutigen Gesellschaft ist ein Großteil der Reize auf den Sehsinn ausgerichtet: In Blitzesschnelle werden wir von so vielen Bildern überflutet, dass wir kaum aufnehmen können, was wir sehen. Mit dem Computerzeitalter hat das Tempo der visuellen Reize in einem solchen Maße zugenommen, dass viele ältere Semester, die nicht mit diesen Hochleistungsgeräten groß geworden sind, Mühe haben, ihnen zu folgen.

Beim Hören verhält es sich nicht unbedingt anders: Man kann kaum ein Kaufhaus oder Geschäft betreten, ohne dass man sofort beschallt wird. In Restaurants wird die Musik danach ausgewählt, welche Atmosphäre geschaffen werden soll – sei es das italienische Klischee oder coole Klänge zum Chillen. Nicht selten muss man seine Stimme sehr erheben, wenn man sich mit seinen Begleitern unterhalten will. Im Fernsehen wird der Ton während der Werbepausen automatisch auf einen höheren Pegel hochgefahren und die Lautstärke in den Discos führt bei unseren feinen Sinnesorganen zu einer Art Schutzmechanismus des Abschottens, womit der Lautstärke letztlich Vorschub geleistet wird. Und als sei der Lärm des Straßenverkehrs noch nicht genug, sieht man viele Menschen mit Knöpfen in den Ohren, die sich beim Joggen, beim U-Bahn- oder Busfahren, ja zum Teil überall, wo sie gehen und stehen, „zudröhnen". So abgedichtet bleiben wir häufig auch dann, wenn wir keine Kopfhörer mehr aufhaben. Wir hören unserem Gegenüber nicht mehr wirklich zu. Wir hören nur noch das, was wir *denken* zu hören, nicht aber das, was wirklich gesagt wird oder was die eigentliche Botschaft ist. Denn wir sind meist viel zu sehr von anderen Dingen besetzt und abgelenkt, zu sehr in unseren festen Denk- und Glaubensmustern verhaftet, um wahrhaftig zuzuhören. Und vielleicht wollen wir manche Dinge auch gar nicht hören.

Schweigepausen in einem Gespräch oder Stille hingegen werden von vielen Menschen als unangenehm empfunden, ja manchmal sogar als bedrohlich. Schweigen kann uns verunsichern, weil wir unser Gegenüber nicht einschätzen und somit nicht im Voraus unsere Reaktion vorbereiten können. Wir sind während einer Gesprächspause plötzlich auf uns zurückgeworfen. Es gibt keine Ablenkung mehr. Wenn wir echte Stille erfahren, wird diese Zentrierung auf uns selbst um ein Vielfaches verstärkt. Wir müssen uns selbst aushalten, so wie wir sind. Das ist nicht leicht und wir möchten es daher vermeiden. Genau das dürfte einer der Gründe sein, weshalb die meisten Menschen der Stille auf vielfältige Weisen zu entkommen suchen. Denn wenn wir mit uns selbst konfrontiert sind, erkennen wir auch, dass nicht alles so ist, wie wir es gern hätten, wie wir uns sehen möchten. Achtsames Zuhören erfordert Mut und Geduld, denn sobald wir eine innere Arbeit an uns beginnen, werden wir auch unseren Schattenseiten begegnen. Das ist ein ganz natürlicher Prozess – wie wir bei dem Yin-und-Yang-Symbol gesehen haben, gibt es nichts, das nur Licht oder nur Schatten ist.

In der Stille der Nacht

Eines Nachts rannte Mullah Nasruddin auf die Straße und schrie:
„Ich werde beraubt! Ich werde beraubt!"
Seine Nachbarn kamen aus ihren Häuern und erkundigten sich:
„Wo ist denn der Dieb?"
„In meinem Haus", antwortete Nasruddin.
„Ja, und hast du ihn gesehen?", fragten sie.
„Nein."
„Und fehlt etwas?", hakten sie nach.
„Nein."
„Ja, woher weißt du dann, dass ein Räuber bei dir ist?"
„Man hat mir gesagt, Diebe arbeiten in absoluter Stille mitten in der Nacht. Als ich vorhin aufwachte, es mitten in der Nacht war und ich keinen Laut hörte, wusste ich sofort: Es muss ein Dieb da sein!"

◆ ◆ ◆

Für die nächsten Wochen, in denen Sie Ihr Hören schulen, bitte ich Sie inständig, von Kopfhörern so wenig wie möglich oder besser gar keinen Gebrauch zu machen. Üben Sie, Pausen zu machen: beim Sprechen, beim Agieren und Reagieren und beim Hören. Hören Sie der Welt zu. Am Klang der Stimme Ihres Nächsten können Sie oftmals hören, wie es ihm geht – auch wenn die Worte anderes behaupten. Unser Körper kann nicht lügen. Unsere Stimme verändert sich mit unseren Stimmungen und verrät unseren wahren Geistes- oder Seelenzustand. Trauen Sie sich zuzuhören!

7.1. Übung: Den Körpergeräuschen lauschen

Diese Übung eignet sich am besten für die Zeit kurz nach einer Mahlzeit. Sie lässt sich allein, noch besser und lustiger jedoch mit zwei oder mehr Personen ausführen, denn sie verführt ungeheuer zum Lachen.

Dauer: ungefähr 10 Minuten

a) Für sich allein horchen:
Legen Sie sich bequem mit angezogenen Knien und leicht nach vorn gerundetem Oberkörper auf die Seite und hören Sie der Beredsamkeit Ihres Bauches zu. Es ist immer wieder erstaunlich, wie viele unterschiedliche Laute er zu produzieren vermag, die wir sonst kaum wahrnehmen.

Atmen Sie dabei in Ihren Bauchraum und entspannen Sie ihn mit jedem Ausatmen.

b) Partnerübung:
Zu zweit: Ein Partner liegt auf dem Rücken auf einer bequemen Unterlage; die Füße stehen dabei bei angewinkelten Beinen auf dem Boden. Nun legt sich der andere im rechten Winkel zu seinem Partner ebenfalls auf den Rücken, jedoch so, dass er bequem und mühelos eine Gesichtshälfte mit dem Ohr auf den Bauch seines Partners legen kann. Auf diese Weise hört man die Bauchlaute noch viel besser und Heiterkeit ist Ihnen gewiss. Atmen Sie beide in Ihren Bauchraum. Wechseln Sie nach etwa 10 Minuten die Plätze.

Zu mehr als zweien: Legen Sie sich in Rückenlage, wie oben beschrieben, entweder im Mäander oder im Zickzack mit dem Kopf auf den Bauch des jeweiligen Partners und wechseln Sie nach 10 Minuten die Ausrichtung, sodass die jeweils am Ende Liegenden auch „belauscht" werden oder lauschen können. Und lassen Sie dem aufsteigenden Lachen allen Raum! Es ist wunderbar befreiend, so von Herzen zu lachen.

7.2. Übung: Dem Atem lauschen

Setzen Sie sich so entspannt und aufrecht wie bei der Übung *Den Atem erfahren* auf ein Kissen oder einen Stuhl. Nehmen Sie drei tiefe Atemzüge und lassen Sie bei jedem Ausatmen die Schultern entspannter nach unten sinken. Atmen Sie sanft und mühelos ein und aus, während Sie sich auf Ihren Raum des Herzens konzentrieren. Neigen Sie den Kopf leicht in Richtung des Herzens nach vorn.

Hören Sie, wie der Atem in Sie einströmt. Lauschen Sie, wie der Atem aus Ihnen hinausfließt. Beeinflussen Sie ihn nicht. Sitzen Sie nur im Gewahrsein Ihres Atems. Lauschen Sie ihm.

Selbstbeobachtung:

Wie atme ich heute ein?

Wie atme ich heute aus?

Gibt es Pausen im Atem?

Welche Qualität würde ich meinem Atem in diesem Augenblick zusprechen?

7.3. Den eigenen Ton finden

Jeder Mensch besitzt seinen ihm eigenen charakteristischen Klang. Dieser Klang verändert sich mit der Zeit in dem Maße, in dem auch wir uns verändern. Er ist für einen anderen am leichtesten in unserer Stimme zu hören. Doch da die Wahrnehmung unserer eigenen Stimme meist sehr verzerrt ist, sind wir es nicht gewohnt, ihren Klang zu hören. Mir ist es einmal passiert, als ich regelmäßig zu einer Schulung der Movements von George I. Gurdjieff fuhr, dass mich einer der Teilnehmer ansprach und mich nach meiner Grundschule, Klassenlehrerin und so weiter ausfragte. Es stellte sich heraus, dass wir beide in dieselbe Grundschulklasse gegangen waren. Ich hätte diesen Mann mit mittlerweile schütteren Haaren nach all diesen Jahrzehnten nie wiedererkannt. Also fragte ich ihn, woran er mich denn erkannt habe. „An deinem Lachen", lautete die Antwort.

Den uns eigenen Klang zu entdecken und zu erleben kann eine sehr befreiende und heilsame Erfahrung sein. Er verrät uns, wer wir wirklich sind, und kann uns in schwierigen Zeiten tragen und stützen und uns Kraft verleihen.

7.3.1. Die Übung des Tönens

Am einfachsten können wir unseren Ton durch die Übung des Tönens finden: Begeben Sie sich in einen Raum, in dem Sie ungestört sind und niemanden durch laute Töne stören. Das kann unter der Dusche sein (da ist die Akustik meist sehr gut!) oder auch im Auto oder bei einem Spaziergang im Wald oder am Meer. Beginnen Sie auf dem Vokal A einen Ton anzustimmen. Tönen Sie ihn so lange, wie Ihr Atem ausreicht. Holen Sie kurz erneut Luft und fahren Sie mit dem Ton fort. Legen Sie keine Gesangsmaßstäbe oder Kunstkriterien an. Lassen Sie den Ton einfach aus sich herauskommen. Er muss nicht „schön" klingen; es gibt keinen „richtigen" oder „falschen" Ton. Vielleicht ist er am Anfang eher ein Schreien, oder er ist noch ganz leise und schüchtern … Lassen Sie Ihren Ton sich selbst entfalten. Meistens muss man eine Weile herumexperimentieren mit der Tonhöhe, der Intensität oder dem Ausdruck. Dass Sie Ihren Ton gefunden haben, werden Sie daran erkennen, dass Sie vollkommen entspannt in ihm sind.

Durch das Tönen wird jede Zelle in uns in Vibration versetzt; dadurch entspannen wir uns und unsere Stimmung hellt sich merklich auf. Nehmen Sie sich jeden Tag mindestens fünf Minuten Zeit, um Ihren Ton zu hören und zu entfalten. Sie können die Übung des Tönens beispielsweise nach dem Elemente-Atem am Morgen in Ihre Praxis integrieren oder wenn Sie regelmäßig mit dem Auto unterwegs sind. Vielleicht haben Sie sogar Lust, im Anschluss ein Lied zu singen?

Selbstbeobachtung:
Wie klinge ich heute?

7.3.2. Lachübung

Das Lachen ist eine für unser Wohlbefinden sehr wichtige Funktion. Wir müssen nicht unbedingt einen Grund dafür haben; allein das Lachen an sich wirkt sich positiv auf uns und unsere Umgebung aus. Das wird Ihnen anfangs sicher merkwürdig vorkommen, doch je mehr Sie üben, werden Sie spüren, welche Freude und Entspannung dadurch entstehen kann.

Begeben Sie sich dazu wieder in einen Raum oder in die Natur, wo Sie ungestört sind und niemanden stören. In diesem Fall möchte ich vom Autofahren dringend abraten.

Atmen Sie nun dreimal tief ein und aus und zentrieren Sie den Atem auf den Bauchraum. Jetzt beginnen Sie leise in Ihren Bauch zu lachen. Ich stelle mir dabei immer einen dieser kleinen dickbäuchigen chinesischen Glücksgötter vor, die unbeschreiblich vergnügt lachen. Lassen Sie das Lachen immer stärker und lauter werden, bis die Vibration vom Bauch über den ganzen Körper ausstrahlt und alles an Ihnen im Lachen erbebt. Lachen Sie aus vollem Herzen und Bauch!

Fünf Minuten reichen vollkommen aus. Mir gefällt es am besten, morgens zu lachen und dadurch erfrischt und munter den Tag zu beginnen. Aber es gibt keine Regeln, wann oder wie oft Sie die Übung praktizieren. Folgen Sie Ihrem Bedürfnis und Ihrer Intuition. Wenn Sie schon etwas Erfahrung mit der Lachübung gesammelt haben, laden Sie gern weitere Personen ein, sich Ihrem Lachen anzuschließen.

7.4. Vom Hören der Welt

Lassen Sie uns jetzt unserer Umgebung lauschen.

Hören Sie den Verkehrslärm, der durch das Fenster dringt. Hören Sie das leise Prusten der Kaffeemaschine. Oder das merkwürdige Fiepen der Thermoskanne auf dem Tisch. Das leichte Knarren der Rückenlehne Ihres Stuhls. Das Knistern des Zellophans, das Sie vorhin zusammengeknüllt in den Papierkorb geworfen haben …

Doch hinter diesen Geräuschen gibt es noch andere: Lauschen Sie den Vögeln, die ihren ihnen eigenen Klang schmettern.

Für mich gibt es im Frühjahr einen geradezu magischen Zeitraum am frühen Morgen, wenn – wie man im Orient zu sagen pflegt – der Augenblick da ist, wo man einen weißen von einem schwarzen Faden unterscheiden kann; dann verweben sich alle Vogelstimmen zu einem Klangteppich, zu einer reinen Vibration von atemberaubender

Schönheit. Es ist, als öffne dieser Klangteppich einen weiten lichten Raum, in den sich das Licht der aufgehenden Sonne ergießt und in den hinein wir selbst uns ausdehnen können. Dieses Ehrfurcht gebietende Phänomen währt nur wenige Minuten, bevor jede Vogelart dann den ihr eigenen Gesang anstimmt – oder ihn auf einen späteren Zeitpunkt verschiebt. Und man ist Zeuge eines täglichen Wunders geworden.

Wenn Sie einen Vogel hören, halten Sie sich nicht damit auf zu bestimmen, welcher Vogel da singt. Hören Sie ihm einfach zu. Lauschen Sie ihm, als würden Sie zum ersten Mal in Ihrem Leben einem Vogel zuhören.

Oder haben Sie im Winter, wenn die anderen Vögel verstummt sind, schon einmal den Krähen zugehört, wie die einen eher Kraaakraaa rufen, während die anderen eher Kräkrä schreien?

Lauschen Sie dem Regen. Dem Klang des Regens auf Laub. Dem Klang des Regens auf dem Ziegeldach. Dem Klang des Regens auf der Fensterscheibe. (Vielleicht mögen Sie ja einmal die Töne des Regens mit denen von Frédéric Chopins *Regentropfenprélude* vergleichen?) Und mit einiger Übung in der Achtsamkeit des Hörens können manche Menschen auch das wohlige Seufzen der Pflanzen im Regen hören. Dieses Aufatmen der Natur bei oder nach einem Regen kann sich auch auf uns übertragen und lässt sich oftmals in unserem Atem hören: Wir atmen tief ein und aus und entspannen uns. Wir saugen die würzige aufgefrischte Luft ein.

Hören Sie die Welt um sich herum mit einer Haltung von Neugier und Offenheit. Hören Sie mit Achtsamkeit zu. Urteilen Sie nicht. Bleiben Sie präsent für den Klang.

Wählen Sie sich täglich oder wöchentlich ein anderes Thema zum Hören: Die oben aufgeführten Themen sind lediglich Beispiele. Andere Themen wären:

❖ das Quietschen/Knirschen/Knarren der Schuhe beim Gehen

❖ die Geräusche der Kleidungsstoffe, die Sie tragen

❖ die verschiedenen Klänge in der Küche

Lassen Sie Ihrer Kreativität und Neugier freien Lauf.

Selbstbeobachtung:

Welche Geräusche und Klänge vermitteln mir Sicherheit?

Welche Geräusche oder Klänge verunsichern mich oder versetzen mich in Alarmbereitschaft?

◆ ◆ ◆

Zeit für eine kleine Geschichte:

Von der wahren Lehre

Ein Derwisch, der seine Unterweisung an einer besonders frommen und traditionsbewussten Schule erhalten hatte, ging einst, über letzte Erkenntnisse sinnierend, am Flussufer spazieren.

Plötzlich riss ihn der heilige Ruf der Derwische aus seinen Gedanken. Er hörte genauer hin und stellte fest: „Was dieser Mann tut, ist völlig sinnlos. Wenn er die Silben weiterhin falsch ausspricht, wird er sein Ziel nie erreichen. Ich muss ihm sagen, dass es nicht „YA HU", sondern „U YA HU" heißt. Wahrscheinlich hatte der Unglückliche nie eine richtige Anleitung erhalten und müht sich nun vergeblich. Es ist meine Pflicht, unserem unwissenden Bruder den rechten Ruf beizubringen."

Da das „YA HU" von der Insel mitten im Fluss kam, mietete er ein Boot und ruderte zu der Insel hinüber. Dort fand er eine ärmliche Schilfhütte, in der ein Mann im Flickengewand eines Derwischs sich zu dem ständig wiederholten YA HU, YA HU, YA HU drehte.

„Mein Freund", sagte der gebildete Derwisch, „zufällig habe ich deine Rufe vernommen und jetzt bin ich gekommen, um dich darauf aufmerksam zu machen, dass du den heiligen Ruf falsch aussprichst. Ich halte es einem Glaubensbruder gegenüber für meine Pflicht, dir den richtigen Ruf beizubringen, denn: Verdient macht sich, wer Rat gibt, wie auch der, der Rat annimmt. Du musst das so aussprechen" ... und er machte es ihm einige Male vor.

„Ich danke dir für diese Unterweisung", bedankte sich der so Unterwiesene und neigte demütig sein Haupt.

117

Der kluge Derwisch stieg wieder in sein Boot, um zurück zum Ufer zu rudern. Er fühlte sich sehr zufrieden und guter Dinge, weil er eine gute Tat vollbracht hatte. Denn schließlich hieß es, wer die heilige Formel richtig ausspreche, könne sogar über Wasser gehen. Er selbst hatte es zwar noch nie gesehen, aber er hoffte, dieses Ziel eines Tages selbst zu erreichen.

Noch in Gedanken versunken, hörte er wieder den falschen Ruf „YA HU" von der Insel herüberklingen. Missbilligend schüttelte er den Kopf über die menschliche Natur und ihre Beharrlichkeit, in Irrtümern zu verweilen. Manchen Menschen war einfach nicht zu helfen!

Plötzlich hörte er, wie er gerufen wurde, und sah eine seltsame Erscheinung: Von der Insel her näherte sich der andere Derwisch – er traute seinen Augen kaum –, über das Wasser laufend.

Verblüfft hörte er auf zu rudern und starrte der herankommenden Gestalt entgegen.

„Entschuldige, Bruder, wenn ich dich noch einmal belästige", sagte der Derwisch von der Insel, als er herangekommen war, „bitte unterweise mich noch einmal in der richtigen Lehre. Ich kann mir den heiligen Ruf einfach nicht merken."

◆ ◆ ◆

7.5. Heilung durch Klang

Zweifellos fehlt uns am meisten im Leben das Gestimmtsein auf das Unendliche, das Im-Rhythmus-Sein mit dem Unendlichen; mit anderen Worten: im Rhythmus zu sein mit den Umständen des Lebens und in Übereinstimmung mit dem Ursprung unserer Existenz.

– Hazrat Inayat Khan –

Seit Tausenden von Jahren gibt es in einigen Traditionen Praktiken der Heilung mit Klängen. Die heute bekanntesten sind die Gandharvaveda-Musik, altorientalische Musiktherapie, Musik der Sufis und verschiedener Schamanen sowie die Behandlung mittels tibetischer Klangschalen. Den meisten unter ihnen gemeinsam ist, dass sie von bestimmten Stimmungen ausgehen, die jeweils auf bestimmte körperliche oder/und seelische Bereiche wirken. So spricht man beispielsweise in der von Oruç Güvenç wiederbelebten und auch in Europa gelehrten altorientalischen Musiktherapie von Makamen, Stimmungen, die – wie auch diejenigen in der Gandharvaveda-Musik – bestimmten Tages- oder Nachtzeiten und körperlichen und seelischen Bereichen zugeordnet werden. Diese Makame müssen klanglich jedoch nicht unbedingt orientalischer Natur sein – auch ein Lied, wie das bekannte, von Doris Day gesungene *„Que sera sera, what ever will be, will be ... "* bildet ebenfalls ein Makam. Besonders faszinierend finde ich die große Rolle, die der Klang von fließendem Wasser bei dieser Musik und der Behandlung von körperlichen oder seelischen Problemen spielt: Die Instrumente und Gesänge werden häufig vom Klang fließenden Wassers begleitet, das mit zwei kleineren Schalen aus einer großen Schale geschöpft und wieder ausgegossen wird. Es ist überliefert, dass die altorientalischen „Gesundheitshäuser" immer um einen Hof mit einem Springbrunnen gebaut wurden, dessen Klang plätschernden Wassers für alle Genesenden in den umliegenden Räumen zu hören war. Und wenn man sich die Harmonie der Architektur der Alhambra mit ihren stillen und bewegten Wassern ansieht und anhört, dann kann man die heilsame Kraft auch hier spüren. Oder schauen und hören Sie sich die Landschafts- und Zen-Gärten in Japan an: Auch hier wird der Klang des fließenden Wassers in die Gartenarchitektur eingebettet. In manchen Tempeln wird die Achtsamkeit immer wieder geweckt durch das trockene Klacken eines Bambusrohrs, das sich mit Wasser füllt. Wenn es gefüllt ist, kippt es und schlägt dabei an einen anderen Teil dieser Bambuskonstruktion.

Im Laufe von rund 30 Jahren tänzerischer und Körperarbeit habe ich sowohl an mir wie auch in der Arbeit mit anderen festgestellt, dass bestimmte Musiken eine äußerst wohltuende und entspannende, gleichzeitig aber auch energetisierende Wirkung haben. Die fließende ausgleichende Bewegungsqualität des Wassers in der Musik finde ich in der Tat am meisten in Sechsachteltakten oder auch in leichten Dreivierteltakten wieder. Im Anhang dieses Buches empfehle ich Ihnen eine kleine Auswahl bewährter Musiken für die jeweiligen Bereiche. Sie können der Musik einfach achtsam lauschen und sie auf sich wirken lassen. Oder Sie können sie mit einer Atemübung, einem Gang oder einer Meditation verbinden. Wenn Sie beispielsweise Schmerzen haben, atmen Sie zu dieser Stelle hin, stellen Sie sich diesen Bereich von weißem Licht durchflutet vor und lauschen Sie achtsam der Musik. Oder entspannen Sie sich einfach in die Musik hinein.

Selbstbeobachtung:

Wie bin ich heute gestimmt?

Gibt es etwas, das mich ver-stimmt?

◆ ◆ ◆

7.6. Vom Hören der Stille

Wenn Sie achtsam der Welt zuhören oder Musik lauschen, wird Ihnen eines Tages auffallen, dass es in all dem Klingen und den Geräuschen Augenblicke der Stille gibt. In der Musik nennt man dies Pausen. Und die Pausen sind es, die uns erst erkennen lassen, dass es sich um Musik handelt. Sie machen die Musik aus.

7.6.1. Übung: Die Pausen hören

Wenn Sie das nächste Mal Musik hören, achten Sie auf die Pausen. Welche Wirkung haben die Pausen auf Sie?

Wenn es Ihnen mühelos gelingt, die Pausen in der Musik zu hören, dann gehen Sie einen Schritt weiter und lauschen Sie den Pausen in der Welt.

Es sind oft nur winzige Augenblicke, doch die Erfahrung eines einzigen Augenblicks vollkommener Stille kann tiefgreifende Veränderungen in uns bewirken. Wir können uns in die Vollkommenheit des Seins entspannen. Alles, was wir brauchen, ist vorhanden. Wir müssen nichts mehr tun oder lassen. Wir sind. Wir sind, wie wir sind. Die Worte Freude und Glück vermögen vielleicht noch am ehesten das wiederzugeben, was sich nicht mit Worten beschreiben lässt.

Nach einer solchen Erfahrung der Stille ist nichts mehr, wie es einmal war.

KAPITEL 8

Den „Garten" bestellen

„Es gibt nur eine heilige Schrift, das heilige Buch der Natur, die einzige Schrift, die den Leser erleuchten kann", sagt Hazrat Inayat Khan in seinen zehn Sufi-Gedanken.

In der Tat vermag uns das Beobachten der Natur viele tiefgreifende Erkenntnisse zu vermitteln. Besonders über uns selbst, denn wir vergessen oft, dass auch wir „Natur" sind.

Lesen wir achtsam die Schrift der Natur, können wir unseren Garten bestellen, damit er erblüht, Früchte trägt und gedeiht. Der Garten ist ein begrenzter Ausschnitt der Natur, der kultiviert wurde. Wenn wir uns nicht zum richtigen Zeitpunkt um unseren Garten kümmern, dann wird er von Unkraut überwuchert oder er wird verdorren. Jede Jahreszeit hat ihre Aufgaben und die dulden oft keinen Aufschub. Wenn wir beispielsweise im Hochsommer die Pflanzen nicht gießen, werden sie sehr schnell verwelken und eingehen.

Zu anderen Zeiten, wie etwa im Winter, müssen wir geduldig warten, bis die Natur ihren „Winterschlaf" beendet hat und aus der dunklen Erde wieder die ersten Keime sprießen. Wenn wir alle paar Tage die Erde umgraben, um nachzusehen, ob schon etwas keimt, werden wir wohl kaum eine Pflanze zu Gesicht bekommen.

Das gilt auch für uns: Wir selbst sind der Garten. Auch wir benötigen Zeiten der Ruhe und Stille, den „Winter" in uns, Zeiten des

Frühlings, wo wir verliebt und beschwingt das Leben durchtanzen und die Grundlagen für die kommenden Blumen und Früchte schaffen, den Sommer mit seiner Geschäftigkeit und Reife und den Herbst in seiner Farbenpracht, der Ernte und dem folgenden Verfall. Wir erleben diese Jahreszeiten nicht nur als Spiegel der Wachstumsphasen in der Natur, sondern auch als unterschiedliche Lebensabschnitte. Und schließlich besitzt jeder Tag seine „Jahreszeiten" oder, wie einer meiner Mentoren sagte, seine Zeiten der „Unreife". Das heißt, wir sind nicht von früh bis spät in der gleichen Verfassung und haben daher über Tag und Nacht verteilt unterschiedliche, sich wandelnde Bedürfnisse und Befindlichkeiten.

Bestellen wir den Garten, der wir selbst sind, ist es wesentlich zu wissen, in welcher „Jahreszeit", in welcher Wachstumsphase wir uns gerade befinden, damit wir die entsprechenden Aufgaben angehen können. Nicht, dass wir im Winter von unserem Garten verlangen, Rosen hervorzubringen!

Wenn wir unseren Garten bestellen wollen, müssen wir uns achtsam mit ihm und seinen jeweiligen Bedürfnissen und Eigenarten vertraut machen. Und wie der Kleine Prinz sich verantwortlich für seine Rose fühlt, da er sich mit ihr vertraut gemacht hat, sind wir verantwortlich für den eigenen Garten, mit dem wir uns vertraut gemacht haben.

Fangen wir klein an.

8.1. Achtsames Vertrautmachen

8.1.1. Übung: Erstes Vertrautmachen

Diese erste Übung ist für Pflanzenmuffel und Pflanzenhasser gedacht:

Legen Sie sich eine kleine Pflanze zu, vorzugsweise einen kleinen Philodendron oder etwas Ähnliches, die sehr robust ist, wenig Wasser benötigt und in diesem Falle sogar noch zur Verbesserung der Luft in Ihrem Raum beiträgt. Sie können Ihr auch einen Namen geben, wenn Sie wollen.

Planen Sie drei oder vier Tage in der Woche einige Augenblicke ein, in denen Sie die Pflanze betrachten – am besten immer zur selben Zeit, damit Sie eine Art Ritual daraus machen können und es so nicht vergessen:

Wie ist die Beschaffenheit der Blätter? Welche Farben besitzen sie? Wie ist die Beschaffenheit des Stängels? Ist er rau oder pelzig? Glatt oder rissig?

Hat die Pflanze einen bestimmten Duft?

Ist die Blumenerde trocken oder feucht? Wie riecht sie?

Nach ca. 14 bis 20 Tagen wechseln Sie den Standort der Pflanze. Verändert sich etwas dadurch? Wenn ja, was?

Wechseln Sie noch mindestens einmal den Standort und beobachten Sie die Pflanze weiter.

Stellen Sie die Pflanze schließlich an den Platz, wo sie sich offensichtlich am wohlsten fühlt, und lassen Sie sie dort. Vielleicht geht es Ihnen ja so wie mir: Nach all dieser Zeit des Vertrautmachens beginne ich mit der Pflanze zu „sprechen" und sie kommuniziert auf nonverbale Weise mit mir. Dem achtsamen Zuhörer teilt sie oft auch mit, welcher ihr Lieblingsplatz ist. Das kommt Ihnen zu verrückt vor? Macht nichts, es bleibt unser Geheimnis – auch wenn sich alle Freunde wundern und freuen werden, wie gut Ihre Pflanzen gedeihen!

8.1.2. Übung: Achtsames Vertrautmachen: Den Radius erweitern

Ich rate Ihnen, sich im Sommer ein Lieblingskraut zuzulegen. Meines ist das Basilikum, das ich in nahezu jedem Zustand essen mag. Ziehen Sie möglichst eine robuste Pflanze vom Bauernmarkt einer schnell hochgezüchteten aus dem Supermarkt vor. Haben Sie den Luxus eines sonnigen Standorts im Freien, so stellen Sie den Topf dorthin und beobachten Sie, wie in Übung 8.1.1. angegeben. Draußen stehende Pflanzen haben oft kleine tierische Begleiter, manchmal auch nicht so willkommene. Forschen Sie nach, woher diese kommen, und beobachten Sie, ob sich die Pflanze dagegen wehren kann oder Sie ihr zu Hilfe kommen müssen. Mein Basilikum muss ich beispielsweise ständig vor den in der Umgebung unseres Hauses vorkommenden „Rennschnecken" schützen, die nachts in Windeseile aus geheimen Spalten auftauchen und mir die köstlichen Blätter abfressen. Oft hilft es, Kaffeesatz oder Asche um die Pflanze auszubreiten, auf denen die fixen Schnecken ausgebremst werden. Sollten sich Blattläuse bei Ihrer Pflanze plötzlich heimisch fühlen, so stellen Sie ihr eine Targetes-Blume zur Seite; deren Geruch mögen diese kleinen Viecher nämlich nicht.

Seien Sie achtsam und erfinderisch, wie Sie zum Wohlergehen Ihrer Pflanze beitragen können, und greifen Sie nicht gleich zu chemischen Keulen, um die Läuse damit zu erschlagen.

Machen Sie sich mit der Pflanze vollkommen vertraut. Vielleicht mögen Sie ja einige Blätter in ein feines Öl einlegen, um im Winter noch eine Erinnerung an den köstlichen Geschmack in Form von Pesto zu bewahren.

Im Herbst gilt es dann Abschied zu nehmen, spätestens beim ersten Frost ist es vorbei mit der Pracht. Wenn ich im Winter dann die abgestorbene Pflanze entsorge, bedanke ich mich bei ihr, dass sie mich so lange erfreut und mir gedient hat. Und nicht selten säen sich die Pflanzen selbst wieder aus und kommen, so willkommen geheißen, im nächsten Jahr von alleine wieder.

8.1.3. Übung: Ernte im Lauf des Jahres: Was hat wann Saison?

Vor einigen Jahren brachte das Fernsehen der BBC als Aprilscherz einen Bericht über die Spaghetti-Ernte in der Schweiz. Landleute wurden gezeigt, die Spaghetti von Bäumen pflückten und anschließend bei einem fröhlichen Trachtenfest die frischen Spaghetti zur Feier einer erfolgreichen Ernte verkosteten. Dass ziemlich viele Menschen danach beim Sender anriefen, um zu erfahren, wo man diese Bäume denn kaufen könne, zeigte überaus deutlich, dass immer mehr Menschen nicht mehr wissen, woher die Produkte stammen, die sie essen. Und auch die gleichbleibende Vielfalt des Supermarktangebots lässt uns vergessen, welche Gemüse und Früchte beispielsweise gerade Saison haben.

Gehen Sie einkaufen, als wären Sie in einem fremden Land, wo Sie all die Speisen neu entdecken. Achten Sie bei jedem Einkauf darauf, woher die Frischwaren stammen und ob sie dort, wo Sie leben, in Saison sind. Gehen Sie, soweit möglich, auf den Wochenmarkt, um zu lernen, welche Früchte und Gemüse aus Ihrer Umgebung wann reif sind. Lassen Sie bei der Auswahl Ihrer Lebensmittel Achtsamkeit walten.

8.1.4. Übung: Erweitertes bewusstes Essen

Wenn Sie die eingekauften Produkte zubereiten und essen, achten Sie darauf, in welcher Jahreszeit Sie sich befinden und wonach Ihr Körper verlangt. Hören Sie darauf, was Ihr Körper Ihnen über seine Bedürfnisse in den verschiedenen Jahreszeiten sagt, und versuchen Sie, diesen nachzukommen. Aber Achtung: Lange, im wahrsten Sinne des Wortes „eingefleischte" Gewohnheiten überdecken meist unsere wahren Bedürfnisse. Horchen Sie auf die zarte Stimme, die von Ihren Gewohnheitsmustern übertönt wird, und nehmen Sie wahr, was Sie wirklich brauchen – und nicht, was andere (vor allem die Werbung und Modetrends!) Ihnen weismachen wollen zu brauchen. Hören Sie sich zu!

Dann können Sie auch entdecken, dass wir weniger benötigen, als wir glauben, und bemerken, wie gut das schmeckt, was uns die Saison gerade bietet. Und wie wir schon in Kapitel 6 erfahren haben, sind dann, wenn wir bewusst und achtsam essen, auch meist Diäten überflüssig. So wie die kleine Pflanze, um die wir uns kümmern, wird auch unser Körper, wenn wir uns mit ihm vertraut machen, uns signalisieren, was er in welcher Jahreszeit braucht, und außerdem, wann er genug hat. Und das kommt letztlich nicht nur Ihrer Figur zugute, sondern in der Regel auch der Haushaltskasse.

Die Teetasse

Einst kam ein berühmter Gelehrter zu einem großen indischen spirituellen Meister. Der Gelehrte hatte viele Fragen und brannte darauf, von dem Meister unterwiesen zu werden. Dieser lud ihn ein, sich hinzusetzen, und bereitete Tee, ohne ein Wort zu sagen. Als der Tee fertig war, hielt der Gelehrte die Tasse dem Meister entgegen, damit dieser den Tee einschenken konnte. Der Meister goss den dampfenden Tee in die Tasse, goss weiter und hielt auch nicht inne, als der Tee schon überlief. „Was macht Ihr denn da?", rief der Gelehrte aus. „Seht Ihr nicht, dass die Tasse schon voll ist und überläuft?"

„Seht Ihr nicht, dass Ihr – wie diese Tasse Tee – übervoll des Wissens seid? Werdet zuerst leer, damit ich euch lehren kann." Mit diesen Worten schickte der Meister den Gelehrten nach Hause.

8.2. Unerledigte Geschäfte I

Um unseren Garten zu bestellen, brauchen wir neben der Achtsamkeit viel Geduld, aber auch einige Disziplin. Denn manche Dinge dulden einfach keinen Aufschub und ziehen meist schon bald Konsequenzen nach sich, die recht unangenehm sind. Wenn zum Beispiel meine Lieblingsrose von Blattläusen befallen ist und ich nicht zügig zur Tat schreite und diese entferne, sondern erst einmal warte, bis es meiner Bequemlichkeit genehm ist dann wird die Rose wahrscheinlich schon abgefressen und unansehnlich sein, wenn ich mich später darum kümmere.

Die meisten von uns haben ihre Päckchen, die sie immer vor sich herschieben oder einfach ignorieren, indem sie so tun, als gäbe es sie nicht. Bei der einen ist es die Steuererklärung, die lange aufgeschoben wird, bei dem anderen der Zahnarztbesuch. Um etwas nicht tun zu müssen, was getan werden muss, damit wir in Frieden und Harmonie leben können, entwickelt unser Verstand vielfältige ausgeklügelte Vermeidungsstrategien, die uns schließlich so plausibel erscheinen, dass wir selbst darauf hereinfallen.

Einer der häufigsten Gründe, etwas nicht zu tun, ist entweder eine oder mehrere Formen von Angst oder einfach Bequemlichkeit: Wir wollen unsere Komfortzone nicht verlassen oder darin gestört werden.

Bestimmte Dinge tun zu müssen wird als ein Druck, der auf uns lastet, und als eine Bedrohung wahrgenommen und unser Überlebens-Mechanismus aus uralten Zeiten tritt wieder auf den Plan: Kampf oder Flucht. Wir haben keine Angst mehr, vom Säbelzahntiger gefressen zu werden, aber wir haben Angst, die Steuererklärung nicht richtig zu machen und aufgrund eines Missverständnisses plötzlich arm und mittellos zu sein (oder wir fürchten ähnliche katastrophale Szenarien).

Zum Erkennen unserer Ängste ist folgende Übung hilfreich:

8.2.1. Übung: Realitätsüberprüfung

Bei dieser Übung ist es hilfreich, mit Papier und Stift zu operieren und jeweils die einzelnen Punkte schriftlich zu benennen.

❖ Was schiebe ich vor mir her?
Wählen Sie eine Sache aus.

❖ Wovor habe ich dabei insgeheim Angst?

❖ Was hält mich davon ab, diese Dinge zu erledigen?
Machen Sie hierbei eine Liste mit zwei Spalten mit *Für und Wider*:
Was spricht dafür, die Sache zu erledigen und anzugehen?
Was spricht dagegen?

Schreiben Sie ohne nachzudenken die Antworten direkt und unmittelbar in die jeweilige Spalte. Bewerten Sie nichts.

Erst wenn Sie das Gefühl haben, Ihnen fällt nichts mehr ein, sehen Sie sich die Auflistung an. Welche Stimme in Ihnen ist überzeugender? Ist die Angst wirklich begründet oder ist sie nur einer von vielen Filmchen des Verstandes?

Wiederholen Sie diese Liste alle 5 bis 7 Tage und stellen Sie sich – wie Ronja Räubertochter – nun jeden Tag erneut der „Gefahr"!

Versuchen Sie, dabei nicht auszuweichen und in die Fallgruben des Verstandes zu stürzen. Bleiben Sie sich jedoch der Ängste und Hindernisse bewusst. Decken Sie diese nicht zu und verdrängen Sie sie nicht. Vor allem, forcieren Sie nichts. Gehen Sie behutsam und humorvoll mit sich um, aber stecken Sie den Kopf nicht in den Sand. Seien Sie freundlich und mitfühlend zu sich selbst!

8.3. Winterzeiten

Im Frühling und Sommer genießen wir unseren Garten und mögen nicht an den Winter denken, der uns so vieler Annehmlichkeiten beraubt. Doch im Herbst werden wir durch die Veränderungen in der Natur allmählich darauf vorbereitet. Die Blätter fallen von den Bäumen und sterben, werden wieder zu Erde, zu kostbarem Humus, in dem sich nach Ablauf einer mehrmonatigen Ruhepause oder Starre neues Leben entwickeln wird. Auch wir haben im Winter die Neigung, uns mehr zurückzuziehen, uns warm einzukuscheln und nicht allzu aktiv zu sein. Das ist ein ganz natürlicher Prozess, dem wir in dem uns möglichen Rahmen auch nachgeben sollten.

Das gilt auch für den „Winter" in unserem Tagesablauf. Unser Garten hat nicht nur Frühling und Sommer, Zeiten der Aktivität, sondern benötigt auch Ruhepausen, während derer die Erde brachliegen kann. Clarissa Pinkola-Estés beschreibt in einer ihrer Geschichten „Über das, was niemals sterben wird" (in *The Faithful Gardener),* wie sie von ihrem ungarischen Großvater gelernt hat, immer ein Stück Land oder Erde brachliegen zu lassen und die Natur einzuladen, darauf Wurzeln zu schlagen. Sie beschreibt, wie sie von ihren Nachbarn heute um die seltenen und schönen Pflanzen beneidet wird, die sich von allein bei ihr eingestellt haben. Ich mache das inzwischen ähnlich, indem ich mehrere Blumenkästen unbepflanzt lasse und die Natur einlade, darin Wurzeln zu schlagen – meist mit erstaunlichen und schönen Ergebnissen.

8.3.1. Übung: „Brachliegen" I

Genauso wie die Erde, benötigen auch wir regelmäßig eine Zeit, in der wir „brachliegen", damit wir wieder leer werden können, um Neues aufzunehmen, damit neue Samen Fuß bei uns fassen können und neues Wachstum in uns ermöglichen.

Planen Sie jede Woche einen Zeitraum von mindestens drei Stunden, besser noch länger ein, in dem Sie sich eine „Winterpause" gönnen. Nehmen Sie sich achtsam den Raum und die Zeit, in sich einzukehren. Lassen Sie sich ein heißes, duftendes Bad ein oder entspannen Sie sich in der Sauna. Unternehmen Sie einen ausgiebigen Spaziergang oder beobachten Sie die Wellen am Meer. Oder suchen Sie eine stille Lichtung im Wald auf und lauschen Sie den Vögeln. Wonach Ihnen auch der Sinn stehen mag, erfreuen Sie sich mit etwas, das Ihnen gut tut und das nichts von Ihnen verlangt. Machen Sie sich selbst zum Fokus Ihrer Achtsamkeit. Lassen Sie die Seele baumeln und öffnen Sie sich für neue Samen, die aus diesem Innehalten erwachsen können. Planen Sie dieses „Brachliegen" jede Woche fest ein, zum Beispiel an einem bestimmten Abend nach der Arbeit oder den ganzen Sonntagvormittag – wie es am besten in Ihren Tagesablauf und Ihre sonstigen Verpflichtungen hineinpasst. Und lassen Sie sich von niemandem – auch nicht von sich selbst! – erzählen, Sie hätten keine Zeit dafür. Hören Sie auf Ihren Körper und Ihren Geist. Sie werden Ihnen sagen, wie Sie die Prioritäten setzen können, um Ihren Garten einmal in der Woche brachliegen zu lassen. Denn wenn Ihr Garten anschließend wieder erblühen kann, können alle anderen sich daran ebenfalls erfreuen.

8.3.2. Übung: „Brachliegen" II

Wenn Sie einen harmonischen Rhythmus gefunden haben, Ihren Garten einmal in der Woche brachliegen zu lassen, erforschen Sie in Ihrem Tagesablauf, wann Sie meistens müde werden oder Ihre Konzentration nachlässt. Wir alle haben einen eigenen Biorhythmus: Die einen sind morgens früh sehr fit und aktiv, andere hingegen fangen langsam an und laufen erst am Nachmittag zur Hochform auf. Erkunden Sie, wann Sie Ihr Tageshoch und wann Sie Ihr Tagestief haben. Seien Sie auch achtsam in Hinblick auf einen möglichen Zusammenhang des Hochs oder Tiefs mit der Nahrung, die Sie zu sich genommen haben.

Wenn Sie herausgefunden haben, wann in etwa Ihr Tagestief zu erwarten ist, dann planen Sie für diesen Zeitraum eine 15- bis 30-minütige Pause ein und halten Sie inne. Manchmal genügt es, sich eine Tasse Tee zu bereiten oder hinauszugehen und tief durchzuatmen. Achtsame Meditation oder achtsames Gehen sind ebenfalls bewährte Instrumente, um „brachzuliegen". Vielleicht möchten Sie auch nur ein kleines Nickerchen machen. Gehen Sie achtsam mit sich um und erkunden Sie die Bedürfnisse Ihres Körpers und Ihrer Seele. Das muss nicht jeden Tag das Gleiche sein. Experimentieren Sie, was Ihnen in dieser „Winterphase" des Tages am besten hilft, leer zu werden und Sie neu zu energetisieren.

Wenn Ihr Arbeitsplatz oder Ihre Tätigkeit ein Brachliegen zum Zeitpunkt Ihres Tiefs nicht gestattet, dann versuchen Sie, die Pause vorher zu machen. Wenn auch dies nicht möglich ist, seien Sie erfinderisch. Sie könnten zum Beispiel den Weg zur Toilette verlängern und als Gehmeditation ausführen.

◆ ◆ ◆

Der Winter ist für uns die Gelegenheit, uns tiefer zu erkennen und achtsam an uns zu arbeiten. In dieser Zeit gibt es nur wenig Ablenkungen und Reize von außen, sodass wir uns ganz auf unseren inneren Raum, unseren Herzensraum, die Essenz, konzentrieren können. Wir wenden uns nach innen, sammeln unsere Energie und bewahren sie. Die Stille ist nichts, das außerhalb ist; sie ist wie ein Punkt in uns, in dem wir wirklich wir selbst sind. Anfangs werden wir nur ein kleines Aufleuchten davon erhaschen, aber mit etwas Übung der inneren Einkehr wird es uns gelingen, diese Augenblicke der Stille, diese Augenblicke, in denen wir das sind, was wir schon immer waren und immer sein werden, zu intensivieren. Diese Stille ist ein Punkt von Bewegungslosigkeit inmitten von kreisender Bewegung. In diesem Punkt sind wir vollkommen. Es gibt nichts mehr zu tun. Er ist ohne Zeit und ohne Raum. In diesem Moment sind wir wirklich. Die Worte reichen nicht aus, um ihn zu beschreiben.

8.3.3. Meditation zur Stille

Obgleich diese Meditation zu jeder Tageszeit geübt werden kann, empfehle ich, sie zumindest für den Anfang, in der Zeit der Dämmerung oder besser noch nachts zu üben. Probieren Sie eventuell, sich vollkommen in eine leichte Decke zu hüllen oder den Kopf mit einem großen Tuch oder Schal zu bedecken.

Dauer: ca. 20 Minuten

Setzen Sie sich in aufrechter Meditationshaltung (siehe Anleitung zur *Sitzmeditation,* Kap. 2.4.) an einen ungestörten und ruhigen Platz in Ihrem Heim und nehmen Sie drei tiefe Atemzüge. Bei jedem Ausatmen entspannen Sie den Schulterbereich, den Rücken und die Extremitäten etwas mehr, ohne jedoch die aufrechte Haltung zu verändern. Schließen Sie jetzt die Augen. Legen Sie die linke Hand auf das Herz und die rechte darüber. Zentrieren Sie sich in Ihrem Herzen und spüren Sie den Raum Ihres Herzzentrums. Lächeln Sie sich leise zu. Tauchen Sie in die Dunkelheit hinab, lassen Sie sich von ihr zärtlich umfangen. Entspannen Sie sich in diese warme weiche Dunkelheit, die Sie trägt und in der Sie vollkommen geborgen sind. Atmen Sie ins Herz ein und aus. Verbinden Sie sich mit dem Rhythmus Ihres Herzens. Den Gedanken, die auftauchen, schenken Sie keinerlei Beachtung. Kuscheln Sie sich in die Wärme und Geborgenheit Ihres Herzens und verweilen Sie in diesem Raum. Wenn Sie den Impuls haben, den Kopf leicht dem Herzen zuzuneigen, geben Sie diesem Impuls nach, jedoch ohne die aufrechte Haltung des Rückens aufzugeben. Atmen Sie mit Ihrem Herzen.

Wenn Sie mit Ihrer Herzessenz in gutem Kontakt sind, lösen Sie die Hände und lassen Sie sie mit nach oben geöffneten Handflächen auf den Schenkeln ruhen. Atmen Sie weiter in Ihrem Herzen und werden Sie immer stiller. Sie gelangen zu dem Juwel, das Sie selbst sind.

Anmerkung: Diese Stille findet sich in uns. Sie ist unabhängig von dem, was uns umgibt. Mit einiger Übung können wir sie (und damit unser Selbst) sogar in größtem Tumult um uns herum bewahren. Um die Stille jedoch auch durch Stille im außen zu verstärken, finde ich es am schönsten und erfüllendsten, diese Meditation nachts zwischen zwei und vier Uhr zu üben, wenn die Stadt und die Umgebung am ruhigsten sind und kaum Verkehr auf den Straßen ist. Versuchen Sie es einmal einzurichten, zum Beispiel am Wochenende oder im Urlaub, oder falls Sie ohnehin Nachtdienst haben, in der Nacht die Stille zu erfahren.

Beginnen Sie einmal die Woche, zum Beispiel zum Wochenabschluss, mit 20 Minuten Meditation. Wenn Sie mit ihr vertraut sind, dehnen Sie den Zeitraum auf bis zu einer Stunde aus. Aber denken Sie daran, auch hier gilt: lieber weniger, aber regelmäßig, als länger und unregelmäßig.

8.3.4. „Der Tod ist der beste Ratgeber"

Wir, die Erwachsenen, haben Angst vor dem Tod,
– beinahe genauso viel Angst wie vor dem Leben.

– Christian Bobin –

Als ich nach dem Abitur nach Frankreich ging, um meine Ballettausbildung an einer der damals angesehensten Schulen zu vervollkommnen, konnte ich kein Wort Französisch und hatte in meinem kleinen Gepäck, meinen Lebensseligkeiten, neben dem Herzenswunsch zu tanzen den dritten Band von Carlos Castanedas Bericht über die Begegnung mit dem Schamanen Don Juan: *Die Reise nach Ixtlan*. Ich befand mich in der Sturm-und-Drang-Phase der Jugend, in meinem prallen Frühling, und beschäftigte mich intensiv mit den tiefen Weisheiten. Allerdings reizte es mich nicht, wie so viele andere, diesen Don Juan selbst aufzusuchen oder zu treffen; vielmehr versuchte ich die Lehren des Don Juan in meinen Alltag zu integrieren und sie umzusetzen. Als ich an die Schule kam, musste ich die bittere Erfahrung machen, dass ich während meines vorausgegangenen Trainings in der russischen Ballett-Tradition viele Muskelpartien falsch zu nutzen gelernt hatte. Ich musste mein gesamtes körperliches Instrument nun „umbauen", das heißt, viele Konditionierungen ablegen und die Abläufe neu lernen und eintrainieren. Wer einmal intensiver körperlich trainiert hat und etwas umlernen musste, beispielsweise den Fingersatz bei einem Instrument, der weiß, welch eine schwere Aufgabe dies ist. Denn der Körper lernt langsamer als unser Kopf, behält das Gelernte aber dafür sein Leben lang. Denken Sie nur an die Fertigkeit des Radfahrens.

Einer der wesentlichen Sätze in den Schriften Castanedas war für mich der Satz: „Der Tod ist der beste Ratgeber." Zusammen mit dem später hinzukommenden Chanson von Edith Piaf: *Non, je ne regrette rien* – „Nein, ich bereue nichts" – , sollte er zu einer der für mein Leben wichtigsten Leitlinien werden. Das mag Ihnen vielleicht jetzt noch negativ oder gar morbid vorkommen, denn es ist eine auch in der heutigen Zeit nicht sehr verbreitete Einstellung zum Leben.

Sicher ist dieser Satz ziemlich radikal. Doch er kann Ihnen helfen, in schwierigen Situationen achtsam zu einer klaren Entscheidung zu gelangen, durch die Ihre Energie auf eine Richtung hin gebündelt wird. Das führt wiederum zu Klarheit im Denken und im Agieren.

Im Grunde wissen wir alle, dass unser Leben endlich ist, dass wir früher oder später sterben werden. Das liegt in unserer Natur. Im Allgemeinen vermeiden wir es jedoch, an unsere Endlichkeit zu denken, lenken uns mit allen möglichen Zerstreuungen und Strategien davon ab. Wir übersehen dabei, welchen Reichtum uns ein Wissen um unsere Vergänglichkeit schenken kann.

Damals und bis zum heutigen Tag fragte und frage ich mich in schwierigen Situationen: Was würdest du tun, wenn du in sehr absehbarer Zeit sterben müsstest, sei es, weil du sehr krank wirst oder dir zum Beispiel ein Auto das Lebenslicht ausbläst? Selbst in sehr komplexen Situationen kristallisierten sich die Antworten meist sehr klar und schnell heraus. Denn angesichts der Endlichkeit unseres Daseins werden unsere Prioritäten im Leben deutlich, wir sind präsenter für das, was ist, und sind weniger oder gar nicht mehr mit unseren Filmchen über die Vergangenheit und Zukunft beschäftigt. Wir leben in diesem Augenblick und kosten ihn in vollen Zügen aus, weil das Leben nur jetzt, in diesem Moment, geschieht. Vielleicht kennen Sie diesen Geschmack von ihrem letzten Urlaubstag an einem wunderschönen Ort oder dem Abschiedstag nach einer Zusammenkunft mit geliebten Menschen. Das Wissen um die begrenzte Dauer dieser kostbaren Augenblicke macht solche Tage so intensiv und lebendig.

Wenn wir, wie Castanedas Don Juan uns rät, den Tod als ständigen und weisen Ratgeber an unserer linken Seite betrachten und keine Angst mehr vor ihm haben, so werden wir präsent sein für das, was wir sind, für das, was andere sind, und für das, was in dieser Situation, in diesem Moment zu tun oder zu lassen nottut. Sind wir präsent, so erkennen wir mühelos, was ist.

Was damals meine Ausbildung in der französischen Ballettschule anging, so fällte ich eine klare Entscheidung. Ich trainierte nach dem Castaneda-Motto: „Tue alles, als sei es die letzte Aktion in deinem Leben." So hielt ich es mit jeder Tanzklasse – ohne daran zu denken, ob ich noch Energie für die nächste benötigen würde. Es war erstaunlich, welche Energien plötzlich freigesetzt wurden, von denen ich keine Ahnung hatte. Und nach einem Jahr hatte ich zur Verwunderung aller Lehrer und meiner selbst meinen Körper und meine Geisteshaltungen vollkommen verändert. Außerdem widerfuhr mir mitten im Tanzexamen auf der Bühne die Gnade zu erfahren, wer ich wirklich bin. Es war überwältigend und hat mein ganzes Leben bis heute geprägt.

Sehen Sie den Tod mit anderen Augen – er ist unser Winter, der uns in die Stille geleitet, zu uns selbst, zu dem, was wir wirklich wollen und was wir wirklich sind. Machen Sie ihn zu Ihrem Vertrauten und Ratgeber. Hören Sie auf ihn und seinen Rat. Und leben Sie achtsam und präsent, damit Sie später ebenfalls sagen können: Ich bereue nichts. Denn oft bereuen wir eher das, was wir versäumt haben zu tun als das, was wir getan haben! Begegnen Sie dem Leben in dem Bewusstsein, dass jeder Moment – genau jetzt – für Sie da ist, um erfahren zu werden. Nutzen Sie ihn, damit Sie später nicht sagen

„Ach, hätte ich nur…", sondern mit Pablo Nerudas Worten: „Ich bekenne, ich habe gelebt!"

In meinem Freundes- und Bekanntenkreis gibt es einige Menschen, die Heilung von schweren Krankheiten, wie Krebs, HIV oder einem Tumor, erfahren haben. Von ihnen allen geht eine besondere Kraft aus, oft gepaart mit einer wunderbaren Form von Humor. Sie haben gelernt, sich mit dem Tod vertraut zu machen. Sie *wissen,* dass sie nicht ewig leben werden, eines Tages sterben müssen. Umso intensiver und herzlicher gestalten sie ihr Leben und bereichern das ihrer Mitmenschen.

Zu diesem Aspekt kann ich Ihnen keine Anleitung geben – nur die Einladung, für den Augenblick präsent und achtsam zu sein. Tun Sie so viel wie möglich, als sei es das Letzte, was Sie in diesem Leben tun dürfen. Seien Sie präsent für Ihre Mitmenschen und sich selbst, als würden diese oder Sie selbst nicht mehr lange leben. Aber seien Sie deshalb nicht deprimiert, sondern genießen Sie die Momente in Freude. Zelebrieren Sie die Kostbarkeit des Augenblicks. Haben Sie den Mut, nicht weiter in der Illusion zu leben, wir seien unsterblich, wie es uns die Werbeindustrie so oft suggerieren will.

Übernehmen auch Sie die Verantwortung für Ihr eigenes Leben und leben Sie als Sie selbst in Präsenz und Courage!

8.4. Unerledigte Geschäfte II

8.4.1. Übung A: Patientenverfügung erstellen und hinterlegen

Wenn wir uns achtsam mit der Vergänglichkeit unseres Lebens auseinandersetzen, führt uns kein Weg daran vorbei, die Möglichkeit in Betracht zu ziehen, dass wir an einem bestimmten Punkt unseres Lebens vielleicht nicht mehr in der Lage sein werden, selbstbestimmt über unser Wohl zu entscheiden. Informieren Sie sich daher eingehend über eine Patientenverfügung. Überlegen Sie genau, wie Sie behandelt werden und möglicherweise auch sterben möchten.

Sie können sich Anregungen durch Downloads aus dem Internet oder auch persönliche professionelle Unterstützung holen. Legen Sie eine Patientenverfügung für den Fall fest, dass Sie nicht mehr zurechnungs- oder entscheidungsfähig sind, und beauftragen Sie einen Menschen Ihres Vertrauens, Ihren Hausarzt oder/und einen Notar mit der Durchführung Ihres Wunsches.

Erforschen Sie genau, was Sie wirklich möchten, und seien Sie so präzise wie möglich. Mangelnde Kommunikation wäre ein ärgerliches Missgeschick. Wem in Ihrem Familien- oder Freundeskreis trauen Sie wirklich zu, Ihren Wünschen gemäß zu handeln? Wenn es Ihr Ehepartner ist, können Sie gut eine gegenseitige Patientenverfügung erstellen. Haben Sie keine Person Ihres Vertrauens, so können Sie nach genauer Erstellung der Verfügung einen Arzt bitten, diese für Sie in Kraft zu setzen.

Warten Sie nicht zu lange – manchmal warten solche gravierenden Einschnitte nicht bis zum Rentenalter.

◆ ◆ ◆

Die perfekte Frau

Nasruddin, der weise Narr, trank gerade Tee, als ein junger Bekannter aufgeregt in sein Haus stürmte.

„Nasruddin", rief er freudestrahlend, „stell dir vor, ich werde heiraten! Ich bin so glücklich. Sag, hast du jemals in deinem Leben ans Heiraten gedacht?"

Nasruddin blickte nachdenklich in die Ferne und strich sich über den Bart.

„Ja", sagte er nach einer Weile, „in meiner Jugend wollte ich sehr gerne heiraten. Ich suchte lange nach der perfekten Ehefrau und der besten aller Mütter für meine zukünftigen Kinder.

Auf der Suche nach ihr reiste ich viel umher und schließlich glaubte ich sie gefunden zu haben. Sie war bezaubernd schön. Ihr Herz war gütig und ihr Wesen sanftmütig und darüber hinaus suchte sie nach den tiefen Wahrheiten des Lebens. Sie war wirklich großartig, doch leider war sie ungebildet und arm. Und so suchte ich weiter.

Jahre später traf ich wieder eine Frau, die alle meine Wünsche zu erfüllen schien. Sie war sowohl geistig interessiert als auch gebildet; sie war schön und anmutig und gleichzeitig sehr geheimnisvoll. Ich verliebte mich unsterblich in sie. Doch leider stellte sich heraus, dass sie einen Hang zur Eigensinnigkeit hatte, und so stritten wir uns öfter. Nach einer Weile zog ich wieder weiter, denn unter diesen Umständen konnte sie nicht die beste aller Frauen und Mütter sein.

Schließlich traf ich die perfekte Frau. Sie war noch anmutiger und schöner, als ich sie mir in meinen Träumen vorgestellt hatte. Zudem war sie gebildet und wohlhabend und wusste ihre Gäste klug zu unterhalten, während sie gleichzeitig von tiefer Liebe zu Gott erfüllt war. Ach, sie war die perfekte Frau."

„Und", fragte der junge Mann gespannt, „hast du sie geheiratet?"

Nasruddin schüttelte betrübt den Kopf. „Nein, leider nicht", seufzte er, „zu meinem Unglück suchte sie den perfekten Mann."

◆ ◆ ◆

8.4.2. Übung B: Das Testament machen

Ein weiteres „Geschäft", das zu erledigen viele von uns tunlichst vermeiden und verzögern, ist, ein Testament zu schreiben. Wenn wir Kinder haben, kann man denen natürlich alles vermachen und ihnen die „Aufräumarbeiten" überlassen. Aber sicherlich wären auch sie froh, wenn wir eine Vorauswahl treffen und uns schon zu Lebzeiten von überflüssigem Ballast trennen würden.

Bei einem Testament beschäftigen wir uns eingehend mit unserem Tod und was danach mit unseren materiellen Gütern geschehen soll. Entrümpeln Sie Ihre Bestände, entrümpeln Sie auch vieles in der Seele.

Schreiben Sie auf, was Sie wem gern schenken würden – oder tun Sie es schon zu Ihren Lebzeiten, dann können Sie noch die Freude miterleben, die dies bei der oder dem Beschenkten auslöst. Wenn

Sie keine Generalvollmacht oder Erbschaft ausstellen wollen, seien Sie sehr achtsam und präzise, was an wen gehen soll.

Schreiben Sie außerdem detailliert auf, wie Sie beerdigt werden wollen – vielleicht sogar, welche Musik gespielt und wie gefeiert werden soll. Malen Sie sich bis aufs Detail Ihr Begräbnis aus – und schreiben Sie es genauso auf. Dies ist nicht nur eine Übung – es ist Ihr Leben! Und Ihr Tod!

Vielleicht möchten Sie im Laufe dieses Prozesses bei der Erstellung Ihres Testaments bereits vieles, das Sie nicht mehr benötigen, verschenken. Vielleicht haben Sie ja auch keine Verwandten oder Nachkommen und möchten Ihr Erbe einem guten Zweck oder einer Stiftung zugutekommen lassen? Seien Sie auch hier achtsam und informieren Sie sich umgehend, damit Sie die für Sie richtige Wahl treffen.

Zusammenfassend noch einmal die wesentlichsten Punkte Schritt für Schritt:

Wovon kann ich mich jetzt schon trennen und wem könnte ich damit eine Freude machen – oder lässt es sich beispielsweise auf Ebay zur Aufstockung meiner Haushaltskasse oder zur Finanzierung einer lange erträumten Reise verkaufen?

Wie möchte ich sterben und begraben werden? Ist das realistisch? Wie soll mein Begräbnis, wie das anschließende Fest aussehen? Möchte ich, dass das Geld für potentielle Blumen und Kränze vielleicht lieber für einen gemeinnützigen Zweck gespendet wird?

Wem möchte ich was vermachen? Welche Güter möchte ich gemeinnützigen Zwecken spenden?

Und während Sie Ihre Trauerfeier planen, stellen Sie sich immer vor, Sie selbst seien Gast auf dieser Veranstaltung …

Wenn Sie die Patientenverfügung und das Testament geregelt haben, werden Sie merken, wie viel entspannter Sie in die Zukunft blicken – und so für den Augenblick präsent sein können – und dass Sie den Tod nun weniger fürchten, da er Ihnen vertrauter geworden ist.

KAPITEL 9

Achtsamkeit in Beziehungen

In den vorangegangenen Kapiteln haben wir bereits mehrfach die Bedeutung von Achtsamkeit für unsere Beziehungen im Allgemeinen angesprochen. In diesem Kapitel wollen wir nun einige allgemeine Punkte von Achtsamkeit in Beziehungen vertiefen und uns außerdem der besonderen Rolle von Achtsamkeit in der Partnerschaft und im Leben mit Kindern widmen.

Doch zuerst eine kleine Übung für unseren Alltag:

9.1. Übung: Den Halbmond lächeln

Legen Sie bei allen Begegnungen, zunächst mit Ihren Freunden, Bekannten und Verwandten, später bei allen Mitmenschen, zuerst ein Lächeln wie einen liegenden Halbmond auf Ihre Stirn und ein weiteres in Ihr Herz. Versuchen Sie, beide während der Kommunikation beizubehalten. Fangen Sie zuerst mit einer Begegnung am Tag an und versuchen Sie schließlich, jedem Menschen, dem Sie begegnen, mit diesem inneren Lächeln entgegenzukommen.

9.2. Achtsame Kommunikation

Neben der Zentrierung im Herzen ist der für mich vielleicht wesentlichste Punkt bei allen Beziehungen die achtsame Kommunikation.

Achtsames Kommunizieren kann viele Missverständnisse und Fehlinterpretationen vermeiden, die wiederum zu Unfrieden, Streit und Zwistigkeiten führen können.

Achtsames Kommunizieren bedeutet zunächst einmal, umsichtig, respektvoll und mit Offenheit gegenwärtig zu sein. Wir schenken dem Menschen, mit dem wir kommunizieren, nicht nur unsere ganze Aufmerksamkeit, sondern auch Zeit. Zeit unseres Lebens, die sehr kostbar ist. Wir geben uns diesem Moment hin und öffnen dadurch das Potential unendlicher Möglichkeiten. Indem wir uns im Herzen zentrieren, öffnen wir einen Raum, in dem die Begegnung stattfinden kann. Gelingt es uns, authentisch zu sein, wir selbst zu sein, dann besteht die Möglichkeit zu einer authentischen Kommunikation. Authentische Kommunikation findet jenseits vom Geplapper unseres Verstandes statt, jenseits unserer festen Vorstellungen und Gedankenmuster, jenseits der Werte und Urteile, die wir von der Gesellschaft, in der wir leben, übernommen haben. Indem wir uns für den anderen öffnen, öffnen wir uns für uns selbst: für das, was wir sind. Jetzt, in diesem Augenblick, da wir präsent sind.

Kommunikation findet nicht nur auf der verbalen Eben statt. Auch unser Verhalten „spricht" Bände. In Abwandlung eines Satzes von Paul Watzlawick möchte ich sagen: Man kann sich nicht nicht-verhalten. Denn was immer wir tun oder nicht tun, ist Bestandteil von Kommunikation. Insofern bedeutet achtsames Kommunizieren, nicht nur in Worten, sondern auch im Verhalten achtsam zu sein.

Das Vermächtnis meines Großvaters

Leider habe ich meinen Großvater nicht mehr persönlich kennengelernt, doch sein Rat für einen weisen Umgang mit den Mitmenschen hat mir unzählige Male große Dienste erwiesen. Er pflegte zu sagen: „Wenn sich der eine unpassend verhält, dann braucht der andere sich nicht genauso unangemessen zu verhalten."

Im vorigen Kapitel haben wir uns mit der Kostbarkeit unseres Lebens und dessen Endlichkeit beschäftigt. Sind wir uns dieser Kostbarkeit des Lebens im Alltag bewusst, dann werden wir niemanden mehr aus Unachtsamkeit oder Nachlässigkeit warten lassen, weil wir erkennen, dass wir die kostbare Zeit unseres Mitmenschen vergeuden, indem wir ihn oder sie warten lassen. Haben wir uns etwa in unserem Zeitmanagement verschätzt, dann werden wir für das nächste Mal besser, sprich großzügiger planen. Wenn es sich um ein unvorhergesehenes Hindernis handelt, greifen wir zum Telefon und informieren unseren Partner, dass wir uns verspäten, damit er oder sie diese Zeit nutzen kann.

Wie wir in Kapitel 7 über das achtsame Hören erfahren haben, ist eine Grundvoraussetzung für eine gute verbale Kommunikation, dass wir hören, was unser Gegenüber sagt, und nicht bereits nach einem halben Satz unsere eigenen Gedanken darüber, was gesagt werden *könnte*, hineininterpretieren. Durch achtsames Zuhören würdigen wir unseren Gesprächspartner und können erfahren, was unser Gegenüber bewegt und welche Vorstellungen es hat, um so wirklich mit ihm zu kommunizieren.

◆ ◆ ◆

Eine kleine Geschichte über den spirituellen Lehrer, Mystiker und Begründer der „Movements", George I. Gurdjieff:

Eines Abends war ein reicher Kaufmann bei Gurdjieff zum Abendessen eingeladen, der gern von Gurdjieff gelehrt werden wollte. Gurdjieff wies seine beim Mahl anwesenden Schüler an, den ganzen Abend über zu schweigen, außer wenn die Rede ausdrücklich an sie gerichtet würde und eine Antwort nötig wäre. Als der Kaufmann ankam, ließ Gurdjieff, wie es in Frankreich üblich ist, ein mehrgängiges Menü begleitet von guten Weinen servieren. Er stellte dem Kaufmann eine Frage über dessen Leben und dieser begann zu erzählen. Und er erzählte während des Hauptgangs. Auch nach dem Käse, beim Dessert sprach der Kaufmann immer noch von sich. Niemand sonst ließ ein Wort verlauten. Als alle schließlich beim „Pousse-café", dem Armagnac oder einem anderen edlen Tropfen nach dem Kaffee angelangt waren, bedankte sich der Kaufmann sehr beschwingt und vergnügt bei Gurdjieff: Herzlichen Dank für diesen interessanten Abend! Noch nie habe er sich so gut unterhalten!

◆ ◆ ◆

Wir müssen die Menschen dort abholen, wo sie sich gerade befinden. Dazu gilt es, zuerst einmal zu erkennen, auf welcher Kommunikationsebene wir uns gerade befinden, und dann, auf welcher Ebene sich unser Kommunikationspartner befindet. Außerdem gilt es zu berücksichtigen, um was für eine Situation es sich gerade handelt. In einem Vorstellungsgespräch werden Sie sich beispielsweise anders verhalten als in einem Gespräch unter befreundeten Kollegen oder aber mit der besten Freundin beim Kaffee. Durch die Übungen und Meditationen in den früheren Kapiteln sind wir nun schon ein wenig mit dem Präsentsein in der Gegenwart und dem, was ist, vertraut. Achten Sie jetzt außerdem auf Ihre Körpersprache und die Ihres Kommunikationspartners. Denn wir wissen bereits: Unser Körper lügt nicht. Also gibt er uns durch Verhalten und Gestik insgeheim jeweils Aufschluss über die oft unbewusste innere Haltung, die wir zueinander haben.

◆ ◆ ◆

Die rechten Worte

Der Geizhals des Dorfes war in den Teich gefallen und rief um Hilfe, da er nicht schwimmen konnte. Ali, der gerade vorbeikam, lief zum Teich und rief ihm zu: „Gib mir deine Hand, gib mir deine Hand, damit ich dich herausziehen kann!" Doch der Geizhals reagierte nicht darauf und schrie weiter. Da kam Shlomo des Wegs und auch er rief dem Geizhals zu: „Gib mir deine Hand!" Doch der Geizhals strampelte weiter in Todesangst vor dem Ertrinken. Da gesellte Mullah Nasruddin sich hinzu und sagte: „Ihr benutzt die falschen Worte. Geben ist ein Wort, das er nicht versteht. Fordert ihn auf: ‚Nimm meine Hand. Nimm meine Hand!'" Und so ward der Geizhals in letzter Sekunde gerettet.

◆ ◆ ◆

Weiter geht's mit einigen spannenden Übungen:

9.2.1. Die Sprache des Körpers

a) Was verrät Ihr Körper über Sie selbst, wenn Sie allein sind?

Achten Sie, wenn Sie daran denken, möglichst jeden Tag auf Ihre kleinen „geheimen" Gesten oder Mimiken, die Ihnen etwas über sich verraten. Ziehen Sie zum Beispiel in gewissen Augenblicken eine Augenbraue hoch? Oder fassen Sie sich an die Unterlippe, wenn Sie nachdenken? Oder kratzen Sie sich dabei am Kopf? Wippen Sie dauernd mit den Zehen? Oder kippeln Sie auf dem Stuhl hin und her? Ich ertappte mich zum Beispiel oft dabei, mit dem Zeigefinger unter der Nase hin und her zu reiben, wenn ich verlegen oder unsicher war. Damit Sie so oft wie möglich daran denken, Ihre Gesten zu „lesen", machen Sie sich ein Zeichen an einem Gegenstand, den Sie oft benutzen. Sie können sich vielleicht ein kleines Glöckchen an Ihr Handy oder den Reißverschluss Ihrer Tasche hängen. Oder Sie malen sich mit einem Marker-Pen ein Symbol auf Ihre Kaffeetasse. Oder Sie kleben sich einen Zettel oder einen lustigen Sticker an Ihr Lenkrad im Auto. Falls Sie noch Stofftaschentücher verwenden, dann wäre der klassische Knoten darin eine gute Erinnerungsstütze. Seien Sie erfinderisch – und nehmen Sie möglichst etwas, das Ihnen auch Freude macht. Immer wenn Sie also durch Ihre persönliche Gedächtnisstütze daran denken, halten Sie einen Moment inne und überprüfen Sie, was gerade mit Ihrem Gesicht, Ihren Händen oder dem ganzen Körper geschieht. Unser Verstand mag uns so einiges Theater vorspielen, unser Körper ist jedoch aufrichtig.

Seien Sie sich Ihrer Körperreaktionen bewusst, ohne sie zu zensieren oder groß zu interpretieren. Analysieren Sie sie nicht mit irgendeiner Küchenpsychologie. Seien Sie sich lediglich darüber im Klaren, dass Sie sie machen und wann Sie sie machen.

Wenn Ihnen diese feine Überprüfung in Fleisch und Blut übergegangen ist, gehen Sie zur zweiten Übung weiter:

b) Was verrät Ihr Körper, wenn Sie in Anwesenheit anderer sind?

Üben Sie genauso wie in a), nur dieses Mal immer in Situationen, in denen Sie sich nicht allein, sondern in Anwesenheit anderer befinden. Achten Sie darauf, in welchen Augenblicken Sie eher still und körperlich als verbal reagieren oder agieren.

Für diese Übung benötigen Sie schon einige Präsenz, um zum Beispiel während einer Unterhaltung diese nicht zu unterbrechen, sondern präsent dem Verlauf zu folgen und ihn mitzugestalten und gleichzeitig sich selbst zu beobachten. Wie in Teil a) bleiben Sie auch hier einfacher Beobachter. Sie nehmen einfach nur Ihr Verhalten zur Kenntnis und fahren mit der Kommunikation fort wie bisher.

Wenn Sie diese Beobachtung gut eingeübt und in vielfältigen Situationen Ihr Verhalten erkannt haben, gehen Sie zur nächsten Übung weiter:

c) Was sagt der Körper der anderen?

Unter Berücksichtigung dessen, wo Sie sich gerade befinden, beobachten Sie nun bei der Kommunikation mit ein oder zwei anderen Personen, sodass es möglichst niemand bemerkt, das Verhalten Ihres Gegenübers. Welches sind seine typischen Gesten? Wie deutlich ist seine Mimik?

Wie Sie feststellen werden, geht es viel leichter, bei einem Gegenüber die Zeichen zu „lesen" als bei sich selbst.

Nach einiger Zeit des Übens gehen Sie noch einen Schritt weiter. Jetzt wird es richtig spannend: Achten Sie nun auch darauf, wie Sie selbst gleichzeitig körperlich reagieren. Sie werden feststellen können, dass meistens einer von Ihnen beiden die Körperhaltung anführt und der andere sie gleichsam nachahmt, ohne es zu merken.

Selbstbeobachtung:

Wie sehen die Interaktionen zwischen Ihnen beiden aus?

Wer von Ihnen führt und wer ahmt nach?

Können Sie den Gesprächsverlauf durch Ihre Führung in der Gestik beeinflussen?

d) Vom Nutzen und Nachteil der Körpersprache

Unsere Körpersprache ist etwas ganz Wunderbares und Einzigartiges. Und lieben wir an unserem Partner nicht gerade diese kleinen Eigenheiten? Diese Körpersprache kann zu einem Vehikel einer stillen und liebevollen, kostbaren Kommunikation zwischen zwei Menschen werden, die sie verbindet und an ihre Liebe erinnert.

Doch wir leben nicht immer in einer Liebesbeziehung und in der heutigen Zeit, in der es nicht leicht ist, einen guten Arbeitsplatz zu finden und ihn zu behalten, müssen wir auch in Hinblick auf die Botschaften, die wir aussenden, achtsam sein. Es geht nicht darum, alles an uns zu kontrollieren, aber wir sollten in bestimmten Augenblicken und Situationen wissen, welche Informationen wir unserem Gegenüber verraten wollen und welche nicht. In manchen wichtigen Situationen, wie beispielsweise Prüfungen oder Bewerbungsgesprächen, kann es von Nutzen sein, wenn man weiß, wie man die „Botschaften" des eigenen Körpers überspielen kann. Wer zum Beispiel bei Nervosität dazu neigt, an den Fingernägeln herumzuknipsen, kann ein Taschentuch als Ersatz dafür in die Hand nehmen, um sich von dieser Gewohnheit abzubringen. Umgekehrt ist es sicherlich nicht von Nachteil, beim Gegenüber erkennen zu können, ob es zum Beispiel wirklich zu seinem Wort steht oder nicht.

9.3. Eine kleine Übung in Geduld

Geduld ist ein weiterer Schlüssel für gute Beziehungen und Kommunikation. Denn wenn wir präsent im Augenblick für den Moment sind, werden wir erkennen, dass unsere Mitmenschen nicht immer dort sind, wo wir sind. Umgekehrt sind wir nicht immer auf der gleichen Ebene wie unsere Umgebung. Um sich gegenseitig auf die Ebene des anderen einzustellen, braucht es oftmals viel Geduld. Für die glauben wir jedoch in unserem schnelllebigen Alltag mit all seinen Anforderungen keine Zeit zu haben. Doch gerade in Beziehungen aller Art und insbesondere in der zwischenmenschlichen Kommunikation entstehen die meisten Missverständnisse, die auszubügeln viel

147

Zeit und Energie kostet, dadurch, dass wir nicht die Geduld haben, wirklich im Augenblick zu sein und achtsam zuzuhören.

Daher möchte ich Sie zu einer kleinen Übung verführen, die nicht nur Ihnen, sondern auch der Kommunikation mit anderen gut tun wird. Außerdem ist sie gleichzeitig eine Übung in Präsenz.

Übung:

Jedes Mal, wenn Ihr Telefon klingelt, sei es das Handy oder der Festnetzanschluss, atmen Sie dreimal tief und laaaangsaaam in Ihr Herz ein und aus. Erst dann heben Sie ab und nehmen den Anruf mit einem inneren Lächeln für sich und Ihren Gesprächspartner entgegen.

Selbstbeobachtung:

Wie verändert sich meine innere Haltung beim Telefonieren, wenn ich dreimal tief atme und das innere Lächeln praktiziere?

Welche Auswirkungen hat diese Übung auf meine Kommunikation?

Gibt es eventuell veränderte Reaktionen bei meinem Gesprächspartner?

VARIATION: Kombinieren Sie diese Übung mit der Halbmond-Lächelübung. Wenn Sie den Hörer abgehoben haben, schenken Sie Ihrem (unsichtbaren) Gesprächspartner ein Lächeln von Stirn und Herz und färben Ihre Worte mit diesem Lächeln.

9.4. Achtsamkeit in der Partnerschaft

Achtsamkeit in einer Partnerschaft ist ein so weitläufiges Thema, dass man darüber ein ganzes Buch schreiben könnte. Wir wollen uns hier nur auf die wesentlichsten Aspekte beschränken, die wir relativ mühelos in unserem Alltag umsetzen können. Vertiefende Literaturempfehlungen entnehmen Sie bitte der Literaturliste im Anhang. Achtsamkeit in der Partnerschaft heißt, unseren Alltag zu entschleunigen, Zeit füreinander zu finden und in Kontakt zu bleiben.

9.4.1. Gewohnheiten verändern

Sie können im Prinzip alle Meditationen und Übungen, die wir in den bisherigen Kapiteln vorgestellt und praktiziert haben, auch auf die partnerschaftliche Beziehung anwenden. Mehr noch als in anderen Beziehungen ist es hierbei wichtig, die Zentrierung im Herzen beizubehalten und in der achtsamen Kommunikation mit dem Herzen zuzuhören.

Denken Sie daran, Ihrem Partner mit dem gleichen Respekt, der gleichen Anerkennung, Akzeptanz, Liebe, Geduld und Wertschätzung zu begegnen, mit der Sie selbst behandelt werden möchten.

Wir können niemals jemand anderen verändern, wir können nur uns selbst und unsere eigene Perspektive, Haltung und Ausrichtung auf die Dinge verändern. Verändern Sie deshalb bei sich und lassen Sie Ihrem Partner den Raum, die Zeit und die Wahl, ob er oder sie sich auch verändern möchte. Nehmen Sie seine oder ihre Perspektive zur Kenntnis und akzeptieren Sie diese – und fahren dabei fort, Ihre eigenen Übungen und Meditationen ungehindert fortzusetzen.

Gewohnheiten werden nur allzu leicht zu starren Mustern. Wenn man länger in einer Beziehung lebt und hellwach und achtsam für diese schleichende Erstarrung in einer Beziehung ist, dann ist es hilfreich, öfter einmal seine Gewohnheiten zu verändern. Das heißt, wir entwöhnen uns unserer alten und schaffen neue Gewohnheiten. Dies sollte im Rahmen des Möglichen geschehen und vorerst als ein kleiner „Aufwecker" in Ihrem gemeinsamen Leben wirken. Wenn Sie zum Beispiel immer mittags warm essen und abends „Abendbrot", dann tauschen Sie die Mahlzeiten einfach einmal eine oder mehrere Wochen lang aus. Oder Sie gehen einfach essen.

Auch bei gemeinsamen Unternehmungen lassen sich die Gewohnheiten verändern. Vielleicht spielt Ihr Partner ja bei einigen Ihrer

Übungen mit. *Das Gäste-Spiel* lässt sich zum Beispiel hervorragend zu zweit oder mehreren spielen, und anschließend wissen dann sogar alle, was sich wo befindet.

Viele Kochshows zeigen uns, wie Liebe durch den Magen gehen kann, sodass wir vor lauter Begeisterung für das Kochen vielleicht vergessen, dass in manchen Augenblicken eher das Bett als der Tisch einlädt. Seien Sie achtsam für solche Momente und scheuen Sie sich nicht, sie spontan umzusetzen.

Im Alltagstrott vergessen wir oft, uns Gutes zu tun. Da ist es eine wunderbare Gelegenheit, sich einmal wieder gegenseitig eine Massage zu geben oder sich gemeinsam in der Sauna zu entspannen. Auch ein Wochenendurlaub in einem Wellnesshotel kann unsere Geister wiedererwecken, sodass wir einander wieder wahrnehmen und Zeit finden, damit wirkliche Kommunikation entstehen kann. Erinnern Sie sich der Endlichkeit des Lebens. Nutzen Sie es!

9.4.2. Verschiedene Ebenen achtsamer Kommunikation in der Partnerschaft

Achtsame Kommunikation ist in der Partnerschaft unerlässlich, wenn man nicht nebeneinanderher leben möchte. Solange man verliebt ist, stellt Kommunikation meist kein wichtiges Thema dar, da man in gutem Kontakt ist. Doch sobald Uneinigkeit oder Verstimmtheit auftritt, ändert sich die Haltung. Vor allem in diesen Fällen ist es wichtig, nicht den Kontakt zu verlieren. Zählen Sie bis zehn, wenn Sie kurz davor sind zu explodieren. Versuchen Sie wieder den richtigen Ton zu finden und Kommunikation herbeizuführen. Die muss nicht unbedingt verbaler Natur sein. Achtsames oder gar heilsames Berühren bringt uns auf eine andere Kommunikationsebene, sodass die körperliche Beredtheit unmittelbar erfahrbar wird. Vergessen Sie nicht, sich immer wieder wie einen Kompass auf Ihr Herz zu zentrieren und sich von ihm leiten zu lassen.

Manchmal stimmen unsere Worte und Handlungen nicht überein. Auch hier gilt es, achtsam zu sein und bei sich selbst zu überprüfen, ob wir etwas sagen, mit unserem Körper oder unserem Verhalten jedoch eine ganz andere Botschaft vermitteln. Nur wenn unsere verschiedenen Ausdrucksformen übereinstimmen und offen sind, sind wir auch authentisch. Sind wir authentisch, dann sind wir wir selbst. Erkennen Sie sich selbst, damit Ihr Partner Sie erkennen kann. Versuchen wir unserem Partner etwas vorzumachen, so merkt er oder sie das meist recht schnell. Dann wird eine wirkliche, authentische Kommunikation erheblich erschwert. Nur allzu leicht rutschen wir dann in hohle, von festen Gewohnheiten bestimmte Floskeln ab, um eine Ebene des Zusammenlebens zu wahren.

Achtsam zu kommunizieren heißt in diesem Zusammenhang, den Mut zu haben, authentisch zu sein, das zu erkennen, was ist, und es dann anzusprechen. Achtsam zu kommunizieren bedeutet außerdem, in unserem Verhalten die Reaktionen zu erkennen, die wir bei unserem Partner auslösen. Wenn Sie Ihren Partner beispielsweise oft an seinen Vater oder seine Mutter erinnern, dann versuchen Sie, in diesen Momenten Ihr Verhalten zu ändern beziehungsweise sich zu hüten, in diese Rolle gedrängt zu werden. Seien Sie achtsam für die Gewohnheiten, die sich zwischen Ihnen entwickeln oder schon entwickelt haben, sie werden leicht zu Fesseln.

9.4.3. Achtsamkeit in der Sexualität

Dieses „Entwöhnen" ist insbesondere im Bereich der Sexualität wichtig. Gerade in diesem Bereich haben Gewöhnung und stereotype Gewohnheiten oft verheerende Auswirkungen auf die Beziehung.

Hier einige kleine *Anregungen,* um mit diesen starren Spurrillen zu brechen:

❖ Setzen Sie sich einander gegenüber und schauen Sie sich zuerst nur einige Minuten lang an. Wann haben Sie sich zuletzt wirklich angesehen?

❖ Beschnuppern Sie einander. Wie riecht Ihr Partner oder Ihre Partnerin heute?

❖ Führen Sie die Partnerübungen aus Kapitel 6 miteinander durch.

❖ Berühren Sie einander nur an den Händen. Spielen Sie miteinander.

❖ Setzen Sie sich einander in aufrechter Sitzposition (wie zur Meditation) gegenüber. Legen Sie die linke Hand auf Ihr eigenes Herz und die rechte auf die auf seinem Herzen liegende linke Hand Ihres Partners, der wiederum seine rechte Hand auf Ihre linke legt. Atmen Sie so in Ihr eigenes Herz und mit dem Ausatmen zum Herzen Ihres Gegenübers.

❖ Seien Sie wach für die Bedürfnisse des anderen. Wir mögen ja auch nicht immer nur Leberwurstbrötchen essen. Vielleicht mögen Sie ja mal etwas Neues ausprobieren?

❖ Aber vielleicht brauchen Sie heute gar keinen Sex, sondern eher eine liebevolle Massage? Probieren Sie aus, sich gegenseitig für einen zuvor festgelegten Zeitraum zu massieren. Folgen Sie den Wünschen Ihres Partners oder Ihrer Intuition. Auf diese Weise kommunizieren die Körper direkt miteinander, was häufig zu mehr Verständnis und Vertrauen für den anderen führen kann.

❖ Kommunizieren Sie auch „danach". Tauchen Sie nicht in eine entfernte Welt ab. Bleiben Sie füreinander präsent und tauschen Sie sich, wenn Sie mögen, darüber im Anschluss aus. Bleiben Sie füreinander offen.

❖ Entwickeln Sie ein (neues) Ritual für sich, das Ihnen beiden gefällt, sodass Sie die ausgetretenen Pfade verlassen können. Dazu kann zum Beispiel gehören, das Zimmer mit Blumen und Früchten zu bestücken, mit Räucherwerk zu beduften und eine schöne Musik aufzulegen. Ein Gläschen Prosecco könnte auch nicht schaden. Lassen Sie Ihrer Fantasie freien Lauf. Oder suchen Sie sich neue Plätze für diesen Anlass.

❖ Unternehmen Sie viel gemeinsam. Denn gemeinsame Erfahrungen und der Austausch darüber stärken die Verbundenheit und das Verständnis in einer Beziehung.

❖ Haben Sie miteinander Geduld.

❖ Versuchen Sie, Ihren Partner jeden Tag zumindest einen Moment mit anderen Augen zu sehen. Erlauben Sie ihm, so zu sein, wie er ist, so wie auch Sie sind, wie Sie sind.

9.4.4. „Unachtsamkeitstraining"

Wenn Sie die Meditationen und Übungen aus diesem Buch eine Zeit lang praktiziert haben und sich bei Ihnen entsprechende Veränderungen einstellen, kann es passieren, dass sich Ihr Partner genervt oder gar bedroht fühlt, weil Sie durch das Achtsamkeitstraining plötzlich so viel wacher und aufmerksamer geworden sind. Sie nehmen nun viel mehr mit allen Sinnen wahr, setzen womöglich andere Prioritäten, sind sehr präsent für den Augenblick und was in diesem zu tun oder zu lassen ist. Das kann einen solchen Wind in die Beziehung bringen, dass es zu Spannungen und Auseinandersetzungen kommen kann, wenn nur ein Partner sich weiterentwickelt und der andere stehen bleibt. Um zu verhindern, dass Ihre Beziehung daran womöglich in die Brüche geht, üben Sie sich in dem, was ich das „Unachtsamkeitstraining" nenne: Sie üben weiter wie zuvor, aber Sie hüten sich davor, alles, was Sie wahrnehmen, an Ihren Beziehungspartner weiterzugeben. Sie sagen nichts. Sie nehmen es einfach zur Kenntnis und machen weiter. Zum Beispiel nehmen Sie durchaus wahr, dass die Socken schon wieder mitten im Wohnzimmer herumliegen oder der Verschluss für die Zahnpastatube nicht aufgeschraubt ist. Sie nehmen es einfach zur Kenntnis und machen Ihr Programm weiter. Nur wenn es lebensgefährlich werden sollte oder andere heikle Folgen hätte, greifen Sie ein. Sie ändern also Ihre Perspektive und sind achtsam auf sich und Ihr Umfeld, aber Sie tun nichts, was dies verraten könnte, und bleiben gelassen. Seien Sie erfinderisch. Gestalten Sie Ihr Leben selbst. Sie haben womöglich nur dieses eine!

9.5. Achtsamkeit mit Kindern

Kinder sind im Grunde – neben den Katzen – die besten Achtsamkeitslehrer. Sie leben meistens im Augenblick, sind präsent für das, was gerade geschieht. Wir können eine Menge von ihnen lernen. Wenn Sie also Kinder haben und Ihr Zeitrahmen es nicht gestattet, allein Meditationen und Übungen zur Achtsamkeit zu praktizieren, machen Sie es mit den Kindern zusammen. Binden Sie die Übungen spielerisch in den Alltag ein. Wenn Sie keine eigenen Kinder haben, bekommen Sie beim Lesen dieser Vorschläge vielleicht ja Lust, einmal die Kinder Ihrer Freunde oder Geschwister zu hüten. Zum Wohle aller Beteiligten.

9.5.1. Sinnesfreuden

Viel Spaß machen die Übungen zum Schmecken, Tasten und Riechen (siehe Kapitel 6). Mit verbundenen Augen darf jedes Kind das Nahrungsmittel, das Objekt oder den Duft erraten. Am Ende wird dann die Auflösung verraten. Bei mehreren Kindern oder kleinen Gruppen können Sie die Kinder auch dazu anleiten, selbst die jeweiligen Proben für die Sinne auszuwählen und zu erraten. Das funktioniert auch gut im Rahmen eines Ausflugs.

Oder wie wäre es, einmal eine „Riech- und Fühlstrecke" beim Kindergeburtstag mit einzubauen, wobei die Kinder mit verbundenen Augen zum Beispiel in verschiedene Kartons, in die ein Loch geschnitten wurde, greifen und ertasten, was sich darin befindet und ebenso den Inhalt mehrerer Gläser oder Flaschen „erriechen"? Und anstatt sich sofort auf den Geburtstagskuchen zu stürzen, wäre ein „Schmeckrätsel" vielleicht die Attraktion?

9.5.2. Gänge

Unternehmen Sie regelmäßig gemeinsam einen *Seh-Gang* (6.2.3.) und später auch *Hör-Gänge* (7.4.).

Auch die Gänge *Rhythmisches Gehen* und *Das Ja und Nein des Lebens* (3.2. und 3.2.A.) sowie der *Jazzy Walk* (3.6.) und der *Schnuppergang* (6.4.1.) eignen sich prima für Kinder.

Der *Mokassin-Gang* ist ebenfalls ein beliebter und förderlicher Gang für Erwachsene und Kinder: Dies ist eine Partnerübung, bei welcher der erste Partner, den Sie am besten am Anfang auslosen, vorangeht, während der zweite genau in die Spuren beziehungsweise imaginären Fußabdrücke des Vordermanns tritt. Der erste Partner hat die Freiheit, so schnell oder langsam zu gehen, wie er oder sie möchte, und er hat die Verantwortung dafür, dass der zweite folgen kann. Die Schritte dürfen auch vielfältig variiert werden.

9.5.3. Achtsamkeit in Bewegung

a) Verrückte Gänge

Alle Teilnehmer gehen auf die verrücktesten Weisen – zum Beispiel wie ein Storch, rückwärts, mit einem Hinken oder „Schluckauf" im Fuß, rhythmisch, seitwärts …. Der Fantasie sind keine Grenzen gesetzt, solange es sich noch um ein Gehen handelt.

Wenn alle sich ausprobiert haben, wird ein Kind per Los ausgewählt und darf „seinen" verrückten Gang vormachen und alle anderen versuchen, ihn genauso wie es nachzuahmen. Eine wunderbare Übung für die ganze Familie! (Wenn Sie eine Inspiration für Ihre verrückten Gänge haben möchten, sehen Sie sich auf *YouTube* das Monty-Python-Video „Ministry of Silly Walks" an.)

b) Stopptanzen I

Eine bei den Kindern aller Tanzklassen sehr beliebte Übung zum Körpergewahrsein ist das *Stopptanzen:* In einem Raum oder auf einer nicht zu unebenen Fläche draußen, die allen Beteiligten ausreichend Platz zur freien Bewegung bietet, spielen Sie Musik von CD- oder MP3-Player ab, die möglichst einfach und der Altersstufe der Kinder entsprechend ausgewählt wurde. Alle Kinder dürfen so dazu tanzen, wie sie möchten. Animieren Sie die Kinder dazu, sich frei zu bewegen, wenn das eine oder andere zu schüchtern dazu ist. Zuvor haben Sie mit den Kindern abgesprochen, dass, wenn Sie die Musik anhalten (auf Pause stellen), alle genau in der Haltung erstarren, in der sie sich während der letzten Bewegung befunden haben. Das sind oft sehr seltsame Figuren, die für großes Gelächter sorgen. Wiederholen Sie dieses Stoppen, solange wie alle Spaß daran haben.

c) Thematisches Stopptanzen

Eine Variante des *Stopptanzens* wäre, wenn Sie das Tanzen unter ein Thema stellen. Gehen Sie im Sommer zum Beispiel mit den Kindern hinaus und beobachten Sie Schmetterlinge oder/und Hummeln. Die Kinder tanzen dann deren Bewegungen nach. Wählen Sie möglichst auch eine dazu passende Musik (in diesem beispielhaften Fall böte sich natürlich der *Hummelflug* von Rimskij-Korsakov an, aber auch Stücke für Klavier von Debussy (z. B. *Rêverie, Arabesque)*, Eric Satie *(Gymnopédies)* oder Fréderic Chopin *(Nocturnes, Valses)* inspirieren die Fantasie der Kinder.

Sie können bei diesem Beispiel außerdem die Übungen zum achtsamen Wahrnehmen des Raumes *(Die Flügel* und den *Raum spüren,* 4.1., Übung A und B, sowie 4.3, Übung B, *Den Raum umkehren)* integrieren. Denn gerade wenn Kinder viel Zeit am Schreibtisch oder Computer verbringen, ist es wichtig, ihnen ein Raumgefühl und Achtsamkeit im Raum zu vermitteln.

Eine oder mehrere schöne *Geschichten* könnten die spielerische Übung abrunden.

d) Spiegeln

Eine die motorische Achtsamkeit fördernde Übung, die auch gut in geschlossenen Räumen ausgeführt werden kann, ist das *Spiegeln.* Hierbei steht ein zuvor durch Los ausgewählter Teilnehmer vor den übrigen Teilnehmern, die Gesichter sind einander zugewandt. Er oder sie vollführt nun langsam Bewegungen (oder sogar einen Tanz), die alle übrigen sofort möglichst genau nachahmen. Genau wie beim *Mokassin-Gang* hat der Anführer/die Anführerin die Verantwortung dafür, dass alle beim Nachahmen mitkommen. Er oder sie lernt so, die anderen dort abzuholen, wo sie sind, und kann sich gleichzeitig durch die anderen bei der Bewegungsfindung inspirieren lassen.

VARIANTE: Mit älteren und/oder geübteren Teilnehmern lässt sich eine fortgeschrittene Variation erlernen: Ein Anführer oder eine Anführerin macht eine ganze Bewegungssequenz vor und die anderen lernen diese. Dann bringt der oder die Nächste eine weitere Bewegungssequenz bei und so weiter, bis alle „ihren" Bewegungsbeitrag geleistet haben und gemeinsam eine ganze „Variation" zusammengefügt haben und vollführen können. Bei entsprechender Vorbildung lassen sich so auch einfache Tänze entwickeln.

9.5.4. Einüben von Achtsamkeit im Alltag

❖ Bei schlechtem Wetter bietet sich das *Gäste-Spiel* (6.2.2.) an. Oder Sie führen eine Variante von „Ich packe meinen Koffer" ein, wo wirklich die Kleidung und die Notwendigkeiten aus den eigenen Schränken zum Einsatz kommen.

❖ Zur Förderung allgemeiner Achtsamkeit und bildlicher Wahrnehmung ist auch das gute alte Memory-Spiel von Nutzen, das es in zahlreichen Varianten und für alle Altersstufen gibt.

❖ Verführen Sie die Kinder zum *achtsamen Essen,* dann werden sie nicht nur gesünder essen, sondern auch Wertschätzung und Dankbarkeit für die Nahrung lernen können. Außerdem können Sie mit ihnen gemeinsam ergründen, woher Ihre Lebensmittel stammen, und so einem unsachgemäßen und unachtsamen Umgang mit Nahrungsmitteln vorbeugen (vergleiche Kapitel 8, Übungen 8.1.1.-.1.4.). Dieses Erforschen kann eine sehr spannende Angelegenheit sein und die Kinder dazu anregen, eigene Untersuchungen oder Projekte zu gestalten und sie lehren, Verantwortung für das eigene Handeln zu übernehmen.

❖ Das körperliche und motorische Feingefühl sowie die sinnliche Erfahrung des Berührtwerdens werden durch Achtsamkeitsübungen wie etwa *Tanz der Hände* (6.5.1.) allein oder zu zweit gefördert.

❖ Seien sie nicht sparsam mit heilsamen Berührungen für Ihr Kind. Berühren Sie es, so oft das Kind es mag. Achten Sie auf seine „Sättigungszeichen" und berücksichtigen Sie diese.

157

❖ Üben Sie zusammen mit den Kindern das *Energieweben* und fördern Sie die Erfahrung der eigenen Kräfte.

❖ Sie können auch einander abwechselnd mit den Händen „abstreichen". Das heißt, Sie aktivieren wie beim *Energieweben* beschrieben, das Kraftfeld zwischen den Händen und streichen sanft in etwa zehn Zentimeter Abstand vom Kopf über die Seiten, die Vorderseite des Körpers bis zu den Füßen mit den Händen am Körper des anderen hinab.

❖ *Den Baum umarmen* können Sie wunderbar gemeinsam mit Ihren Kindern praktizieren.

9.5.5. Stille und Lauschen

❖ *Stille erfahren.* Gerade in der heutigen oft hektischen Zeit ist es besonders wichtig, den Kindern Stille nahezubringen. Beginnen Sie mit kleinen Pausen im Alltag, wo Sie einfach in den Handlungen einen Moment innehalten. Nehmen Sie etwas Alltägliches. Verlängern Sie die Pausen dann allmählich ein wenig und versuchen Sie, wenn Ihr Kind dazu bereit ist, die Pause auf ungefähr fünf Minuten Stille auszudehnen. Aber zwingen Sie es nicht dazu, lassen Sie bei Ihrem Kind eher das Bedürfnis nach Stille entstehen. Sie können auch beim gemeinsamen bewussten Musikhören auf die Pausen in der Musik achten, um ruhiger zu werden.

❖ Was das *achtsame Hören* angeht, so sind alle in Kapitel 7 vorgestellten Meditationen und Übungen für die Übung mit Kindern geeignet. Besonders hervorzuheben sind hierbei das *Herausfinden des eigenen Tons* und das Achten auf *Pausen,* auch in der Kommunikation.

❖ Erzählen Sie *Geschichten* voller Düfte, Klänge, Geschmäcker – für alle Sinne – nicht nur zum Lauschen.

KAPITEL 10

Das Beste kommt noch

Älterwerden heißt, dass alles geschieht,
was man nie für möglich gehalten hätte.

– Christa Wolf –

10.1. Durch Achtsamkeit selbstbestimmt und klar bis ins hohe Alter

In vielen Traditionen der Welt gelten ältere Menschen als weise Menschen, da sie geistig und oft auch körperlich sehr rege sind, alles nicht mehr so ernst nehmen und eine heitere Gelassenheit ausstrahlen. Ihnen wird Respekt und Achtung entgegengebracht und aufgrund ihrer Lebenserfahrung und Weisheit, ihres Humors und ihrer Bedächtigkeit werden sie gern um Rat gefragt. In unserer westlichen Gesellschaft, in der Jugend und Dynamik, Tempo und faltenlose Gesichter gefragt sind, tut man sich schwer, das Älterwerden anzunehmen, geschweige denn positiv zu sehen. Sterben und Tod kommen nur in Actionfilmen oder Krimis vor. Interessanterweise gibt es Studien, bei denen betagte Menschen gefragt wurden, welches Alter sie gern wieder erleben würden. Die Mehrheit antwortete nicht

„25", wie man meinen möchte, sondern ihre Sechziger seien die schönsten Jahre gewesen. In diesem Alter sei man noch körperlich fit, habe nicht mehr für Kinder zu sorgen und sei meistens finanziell einigermaßen abgesichert, sodass man das Leben genießen könne.

Damit es uns ebenso geht und wir darüber hinaus unsere geistige Klarheit, körperliche Mobilität und vor allem unsere Selbstbestimmtheit bewahren, können wir Achtsamkeit üben und täglich praktizieren, sodass uns Achtsamkeit zur Gewohnheit wird. Denn das Älterwerden ist nicht so sehr eine Frage der Straffheit der Haut, sondern eine Frage von Straffheit der Gedanken und des Präsentseins. Unser Gedächtnis bekommt Lücken und wir ertappen uns dabei, mehrfach in die Küche zu laufen, und wenn wir dort ankommen, wissen wir nicht mehr, was wir dort wollten. Wir sind nicht präsent, nicht hier und nicht jetzt, weil sich unser Geist zu zerstreuen beginnt. Ähnliches passiert bei zunehmendem Alter mit unserem Erinnerungsvermögen. Wir werden vergesslicher und beginnen, Dinge zu verwechseln oder einfach ganz zu vergessen. Das kann eines Tages dazu führen, dass wir unseren Haushalt nicht mehr allein zu führen vermögen und der Pflege bedürfen. Besonders bei Menschen, die bis ins letzte Jahr vor der Rente in ihrem Beruf noch hochaktiv waren, kann man oft beobachten, dass ein Abbau der geistigen und körperlichen Klarheit in dem Augenblick einsetzt, wo die Struktur und der Rhythmus im Leben wegfallen, die durch die Arbeit bestimmt wurden. Denn wenn die Spannkraft des Geistes nachlässt und die Motivation zu Bewegung schwindet, lässt auch die körperliche Mobilität nach und ebenso umgekehrt.

Regelmäßige Übungen in Achtsamkeit können dieser zunehmenden Zerstreutheit und dem Schwinden der geistigen und körperlichen Beweglichkeit vorbeugen und eine Basis bilden, damit wir selbstbestimmt und mit klaren Sinnen bis ins hohe Alter leben können. Meine Mutter, die mit 92 Jahren noch immer allein ihre große Wohnung im zweiten Stockwerk ohne Fahrstuhl bewohnt und nur durch eine regelmäßige Zugehfrau unterstützt wird, ist ein sehr lebendiges Beispiel hierfür. „Ohne angewandte Achtsamkeit", sagt sie, „könnte ich hier nicht mehr so frei und selbstbestimmt leben."

Mögen Sie es ihr nachmachen! Ganz gleich, in welchem Alter Sie sein mögen, fangen Sie jetzt an zu üben. Machen Sie sich Achtsamkeit zur Gewohnheit. Dann fällt sie Ihnen später, wenn Sie nicht mehr so straff sind, umso leichter. Dafür greifen wir auf bereits in diesem Buch vorgestellte Übungen und Meditationen zurück, beleuchten sie in Hinblick auf ihren Einsatz für das Älterwerden und ergänzen sie um weitere, spezifisch für diesen Zweck ausgewählte Aspekte.

10.2. Grundlegende Meditationen und Übungen zur Achtsamkeit für das Älterwerden

10.2.1. Der Atem

Beginnen wir erneut mit dem Atem: Unsere *Atemübung 1* aus Kapitel 2.1 bildet einen wunderbaren Einstieg, wenn Sie sich zentrieren und gleichzeitig in Kontakt mit Ihrem Körper und Atem kommen wollen. Sie sollte auch immer dann angewandt werden, wenn Sie spüren, dass Sie fahrig und unkonzentriert werden oder wenn Sie merken, dass Sie in „innere Filme" abdriften, die Sie von dem, was hier und jetzt ist, ablenken. Bei Ängsten oder depressiven Zuständen hilft diese kleine Atemübung, wieder in die Realität zu kommen und die Welt mit neuen Augen zu betrachten.

Wenn es Ihrem Temperament entspricht, bildet eine *Sitzmeditation* (siehe 2.4.) eine schöne Einstimmung auf den Tag. Setzen Sie sich dazu, um Ihre Knie und Gelenke zu schonen, auf einen Hocker oder eine kleine Meditationssitzbank, die im Handel erhältlich ist. Kennen Sie einen Schreiner in Ihrer Nähe, wird er sicherlich gern ein für Ihren Körperbau genau passendes Bänkchen anfertigen.

Schließen Sie an die Atemübung oder die Sitzmeditation die Übung zum Aufwecken *des Körpers* (2.5.) an. Führen Sie diese im Sitzen oder im Stehen aus. Sowohl beim Sitzen als auch beim Stehen ist es außerordentlich bedeutsam, sich tief in den Boden hinein zu verwurzeln. Wenn wir gut verwurzelt sind wie ein großer Baum, kann uns so leicht nichts aus der Bahn werfen und wir behalten unser Gleichgewicht.

Beginnen Sie den Tag lieber draußen im Freien und haben die Möglichkeit, ungestört in der Natur oder im Garten zu sein, empfehle ich, jeden Morgen den *Elemente-Atem* nach Hazrat Inayat Khan zu praktizieren. Auch hier ist es wichtig, sich gut zu erden und Ihre Wurzeln tief in die Erde zu schlagen. In Verbindung mit heilenden Worten wird dieser Atem auch zur Heilung verwendet. Er wird genauso wie in 2.3. beschrieben durchgeführt. Zentrieren Sie sich im Herzen. In welcher Tradition Sie auch beheimatet sein mögen, legen Sie nun beim jeweiligen Element die erste Hälfte Ihrer Heilworte auf das Einatmen und den zweiten Teil auf das Ausatmen. Eine Möglichkeit wäre zum Beispiel, die bei manchen Sufis üblichen arabischen Worte *Ya Shafi* (wörtl.: „O Heiler/in") beim Einatmen und *Ya Khafi* („O Heilkraft") beim Ausatmen oder die Worte des christlichen Herzensgebets „Herr Jesus Christus (Einatmen) – erbarme dich meiner" (Ausatmen) anzuwenden. Das ist keine Magie. Welche Worte auch immer Sie wählen, laden Sie die Elemente damit im Atem auf und aktivieren Sie auf diese Weise Ihre Selbstheilungskräfte.

Wenn Sie wegen der Witterung oder aus anderen Gründen gezwungen sind, im Haus zu üben, dann bietet sich der *Elemente-Atem* auch am Nachmittag an, zum Beispiel nach dem Nickerchen nach dem Mittagessen oder bevor Sie spazieren gehen.

10.3. Rhythmus, Struktur und Flexibilität

Im Frühling und im Sommer unseres Lebens ist es von Bedeutung, uns von unseren Gewohnheiten zu entwöhnen und uns neu zu konditionieren, um unsere Spurrillen zu verlassen, unser Leben zu entschleunigen und den Stressmustern entgegenzuwirken. Gelangen wir jedoch in den Herbst und Winter unseres Lebens, so ist es wichtig, dass wir einen harmonischen Rhythmus und eine feste, uns tragende, nicht aber starre Struktur für unser Leben finden, damit wir in schwierigen Momenten Gleichgewicht und Orientierung bewahren. Wir brauchen also Gewohnheiten und gleichzeitig die Offenheit, diese Gewohnheiten bei Bedarf wieder über den Haufen zu werfen. Solange unser Leben durch den Rhythmus von Beruf oder Arbeit bestimmt wird, können wir uns kaum vorstellen, wie es sich anfühlen mag, seinen eigenen Rhythmus zu finden und dem Tag eine Struktur zu geben. Nimmt die Arbeit jedoch ab, weil die Kinder aus dem Haus sind, wir auf Teilzeit wechseln, arbeitslos sind oder in Rente gehen, stehen viele plötzlich wie vor einem Loch, das es zu füllen gilt. Daher ist es gut für uns, bei zunehmendem Alter beizeiten eine fließende Struktur in unserem Alltag zu entwickeln, die uns eine Art Gerüst schenkt, durch das wir den Tag einteilen und an dem wir uns orientieren können

Schaffen Sie sich kleine kostbare Rituale für Ihr Leben, die Ihnen Freude machen und die im regelmäßigen Rhythmus stattfinden. Das kann so etwas Schlichtes sein, wie jeden Nachmittag zu einer annähernd gleichen Zeit eine Tasse Tee mit einem Keks oder einem Stückchen Schokolade zu genießen. Vielleicht haben Sie ja eine schöne Tasse, die dann zur Geltung gebracht wird, oder einen besonderen Platz, an den Sie sich für diese Zeremonie setzen mögen. Kommt jemand in diesem Augenblick zu Besuch, laden Sie die Person mit dazu ein. Sie können sich solche kleinen Rituale bereits während der Arbeitsphase schaffen, sofern es Ihr Betätigungsfeld zulässt, und sie später vertiefen, wenn die beruflichen Verpflichtungen von Ihnen abfallen. Vielleicht entwickelt sich eine kleine Gruppe Gleichgesinnter, die sich so regelmäßig, zum Beispiel einmal pro Woche, austauschen. Fließende Struktur heißt, wir machen uns ein Ritual zur Gewohnheit in unserem Tag, halten aber nicht um jeden Preis daran fest, sondern bleiben dabei so flexibel wie möglich für andere Wendungen in unserem Leben. Achtsamkeit schenkt uns hierbei wiederum die Weisheit zu unterscheiden, wann wir dieses Ritual zugunsten von etwas anderem aussetzen oder wann nicht.

◆ ◆ ◆

Unser Geist und unser Körper bedingen sich in vielfältigen Bereichen. Lassen wir uns körperlich zu sehr gehen, dann wird auch unser Geist träge und unser ganzes System baut schnell ab.

163

Um diesem Prozess entgegenzuwirken, brauchen wir regelmäßige leichte Bewegung. Aufgrund meiner langjährigen Erfahrungen mit dem Tanz sowie unterschiedlichen Formen der Körper- und Atemarbeit befürworte ich eher sanfte, den Körper harmonisierende Bewegungen als Extremsport und Leistungssport – es sei denn, man hat schon in jungen Jahren bei verantwortungsbewussten und qualifizierten Lehrern die schwierigen und anstrengenden Bewegungsabläufe geübt.

Sehr ermutigen möchte ich Sie hingegen, sich einen guten Lehrer oder eine gute Lehrerin in Qigong oder/und Taijiquan (auch *Tai Chi Chuan* geschrieben) zu suchen, es regelmäßig zu praktizieren und es letztlich in Ihre tägliche Struktur einzubauen. Diese uralten Praktiken aus China basieren auf einem über Jahrtausende erprobten System und halten unseren Körper und damit auch unsere geistigen Funktionen rege und flexibel, harmonisch und gesund. Die Übungen fördern zudem die Feinmotorik und den im Alter zunehmend wichtigen Gleichgewichtssinn. Im Gegensatz beispielsweise zu Hatha-Yoga oder Aikido besitzen diese beiden Praktiken den Vorteil, dass man sie überall draußen in der Natur oder im Park üben kann und so die Lungen gleich mit frischem Sauerstoff ausgestattet werden. Ich erinnere mich noch sehr gut, als ich in jungen Jahren des Öfteren längere Aufenthalte in Paris verbracht habe, wie frühmorgens im „Jardin du Luxembourg", einem großen Park im Herzen der Stadt, viele Menschen einzeln oder in kleinen Gruppen den Tag mit Taiji begannen. Es war ein schöner Anblick, der Frieden und Harmonie ausstrahlte.

◆ ◆ ◆

10.3.1. Der innere Rhythmus

Um unseren Rhythmus zu finden und zu bewahren, ist das **Gehen** *die* Übung par excellence. Es bringt unseren Körper in einen regelmäßigen Rhythmus und klärt den Geist. Ein Spaziergang mit allen Sinnen von ungefähr einer halben Stunde oder länger, bei Regen oder Sonnenschein, ist meines Erachtens eines der wesentlichsten

Elemente im Tagesablauf eines achtsamen Menschen. Ganz gleich, wie Ihr Tag sonst aussieht, finden Sie einen Zeitpunkt, zu dem Sie einen Spaziergang machen können. Verwenden Sie dabei die in Kapitel 3 beschriebenen Gänge, je nachdem, was Sie gerade brauchen. Wenn Sie zum Beispiel spüren, dass die Erdung fehlt, Sie aus dem Gleichgewicht geraten sind, dann ist der Gang *Das Ja und Nein des Lebens* (3.2.A) wunderbar geeignet, Sie wieder in den Fluss zurückzubringen. Er vermittelt Ausgewogenheit zwischen unseren beiden Gehirnhälften und wirkt insofern auch auf den *Pons* (die „Brücke") im Gehirn. Im Prinzip eignen sich alle Gänge aus Kapitel 3 für die Praxis im Alter, besonders aber Gang 2 in 3.2. *Rhythmisches Gehen* und hier vor allem Gang A sowie die *Gehmeditation* (3.3.).

Kombinieren Sie Ihren Spaziergang auch mit dem *Seh-Gang* (6.2.3.) und dem *Schnupper-Gang* (6.4.1.). Das Gehen verbindet uns außerdem mit dem Element Erde, schenkt uns Selbstvertrauen und Beständigkeit. Bewusstes und achtsames Gehen wirkt auch Depressionen und Ängsten entgegen, denn es bringt uns wieder in das Hier und Jetzt – raus aus unserem Film, unserer engen Perspektive auf die Welt – und vermag unseren Blick für die Weite und die positiven Seiten des Lebens zu öffnen.

Eine weitere wunderbare Weise, den inneren Rhythmus zu harmonisieren und im Körper zu bleiben, ist das Tanzen. Damit meine ich nicht das in Discos so populär gewordene, auf engem Platz „Von-einem-Fuß-auf-den-anderen-Treten", sondern ein *Tanzen,* an dem der ganze Körper beteiligt ist. Wenn Sie keine Lust haben, einen regelmäßigen Tanzkurs zu besuchen, dann stellen Sie zu Hause Musik an und tanzen einfach so dazu, als ob niemand es sähe – nur für sich – oder tanzen Sie draußen zur Musik des Windes, der Bäume, der Vögel ... Lassen Sie sich dabei vom Wind streicheln, von den kraftvollen Bäumen bewundern und von den Vögeln und Bienen im Tanz inspirieren. Wer gern singt, mag das aus vollem Herzen tun. Vielleicht finden Sie ja auch eine Gruppe Gleichgesinnter, die gern gemeinsam singen und tanzen. Vielleicht mögen Sie auch erst einmal im *Tönen* (siehe 7.3.1.) Ihren Klang finden, bevor Sie das Tanzbein schwingen. Lassen Sie Ihren Körper und Ihre Seele tanzen, auch

165

wenn Sie nie zuvor getanzt haben. Sie brauchen keine Tanzschritte und Technik, um wirklich tanzen zu können. Es gibt kein Richtig und kein Falsch. Tanzt unser Herz, so tanzt unser ganzes Sein – und die Freude schlägt den Takt dazu!

Wenn das *Tönen* bei Ihnen auf Resonanz stößt, mögen Sie sich vielleicht einem Chor anschließen und mit anderen die Freude am Gesang und dem Entdecken von musikalischen Kostbarkeiten teilen.

Und warum nicht den Traum verwirklichen, endlich Klavier spielen zu lernen?

Denn wie schon Martin Buber sagte, ist Alter „ein herrlich Ding, wenn man nicht verlernt hat, was anfangen heißt." Ja, da ist er wieder, unser „Anfängergeist".

Und schließlich können wir unseren inneren Rhythmus entdecken, wann immer wir uns mit dem Atem und unserem Herzen und seinem Rhythmus verbinden. Nehmen Sie sich im Laufe des Tages immer wieder Zeit, einfach drei tiefe Atemzüge zu machen und Ihrem Herzen zu lauschen. Das ist ganz einfach und der Atem steht uns immer zur Verfügung.

Was Sie auch bevorzugen mögen, nehmen Sie sich die Zeit, die Sie für die jeweilige Aktivität eingeplant haben, und üben Sie die Disziplin, sich an diese Zeit zu halten. Sie sind es wert, sich diesen Raum und diese Zeit zu nehmen.

10.4. Innere und äußere Strukturen

Strukturen bestimmen den Großteil unseres Lebens. Sie teilen die Zeit und den Raum ein, die uns zur Verfügung stehen, und bieten uns so eine gewisse Regelmäßigkeit, die jedoch, wenn die Struktur zu stark wird, einengend und behindernd wirken kann. Wirft uns jedoch etwas aus der Bahn, wie zum Beispiel der Tod eines geliebten Menschen, der Verlust des Arbeitsplatzes oder eine beängstigende Diagnose, dann benötigen wir genau eine solche Struktur, die uns Halt gibt und den Bodenkontakt herstellt, wenn wir das Gefühl haben, uns würde der Teppich unter den Füßen weggezogen.

Es ist vollkommen normal, dass unsere kognitive Leistungsfähigkeit mit zunehmendem Alter nachlässt. Trainieren wir diese jedoch und strukturieren unseren Tag auf achtsame Weise, die unseren Bedürfnissen und den Herausforderungen an uns Rechnung trägt, dann können wir diese kognitiven Funktionen und damit auch unsere Klarheit und Selbstbestimmtheit länger bewahren.

Durch die Achtsamkeitsübungen der vorangegangenen Kapitel haben Sie bereits einige Erkenntnisse über sich selbst gesammelt. Bei einer für Sie geeigneten Struktur streben Sie nun nach dem Mittelweg. Neigen Sie eher zu passivem Konsumieren und langem Fernsehen, dann versuchen Sie, bestimmte Zeiten für diesen „Konsum" festzulegen und sich zu anderen Zeiten aktiv mit etwas zu beschäftigen oder auseinanderzusetzen, das Sie außerdem in Bewegung bringt. Schließen Sie sich einer Wander- oder Tanzgruppe oder einem Literaturzirkel an, lernen Sie, Schach oder Go zu spielen, oder erlernen Sie gar eine neue Fremdsprache. Finden Sie etwas, das Sie interessiert. Oder helfen Sie anderen Menschen, indem Sie sich ehrenamtlich in einem gemeinnützigen oder karikativen Verein engagieren. Es gibt so viele interessante Möglichkeiten, seine kognitiven Fähigkeiten weiter zu schulen und mit Freude zu lernen. Neuesten Erkenntnissen der neurologischen Forschung zufolge wird durch gezieltes Lernen und Praktizieren die Wahrscheinlichkeit, an Alzheimer zu erkranken, um Jahre hinausgeschoben.

Gehören Sie zu den Menschen, die ihre ganze Woche minutiös durchgeplant haben, dann achten Sie darauf, mehr Pausen einzulegen und ebenfalls Ihre kognitiven Fähigkeiten nicht brachliegen zu lassen. Seien Sie achtsam, wann und wo Sie wirklich etwas tun müssen, und wann Sie einfach ruhig abwarten sollten, wie die Dinge sich entwickeln. Schenken Sie sich und anderen Raum und Zeit, damit Sie das Leben genießen können. Setzen Sie sich nicht unter Druck, sondern üben Sie die Schönheit der Langsamkeit – jeden Tag. Und lauschen Sie auf die Weisheit Ihres Herzens und Ihres Körpers. Sie werden Ihnen sagen, was notwendig ist und wo Sie einfach nur genießen dürfen.

Benötigen Sie selbst Hilfe, so scheuen Sie sich nicht, dies klar und deutlich zu kommunizieren. Auf diese Weise hindern Sie auch andere

daran, Ihnen „Hilfe" aufzuoktroyieren, die Sie Ihrer Selbstständigkeit
beraubt! Wer erkannt hat, wer er ist, weiß auch, wo seine Grenzen
liegen. Hilfe anzunehmen mindert nicht unsere Selbstbestimmtheit,
sondern zeugt von innerer Stärke und Selbstbewusstsein.

10.5. Die Struktur des Raumes

Mit dem Nachlassen von Mobilität und kognitiven Fähigkeiten werden wir leicht unsicher, was unseren Raum und unsere Umgebung
angeht. Die folgende Übung kann helfen, Ihren Lebensraum genau
zu erfassen und Ihnen so Selbstsicherheit und Orientierung zu geben.
Zudem ist sie eine ausgezeichnete Übung für unsere Wahrnehmungs-
fähigkeit. Trainieren und nutzen Sie Ihre Sinne! Es ist interessant und
macht Spaß: Was meinen Sie, wie leicht sich ein Stuhl in den Weg
stellt, wo er, wie ich schwören könnte, zuvor nicht gestanden hat …

10.5.1. Übung: Inneres Fotografieren II

Diese Übung sollten Sie nur zu Hause oder in einer Ihnen sehr
vertrauten Umgebung ausführen, nachdem Sie sich mit der Übung
Inneres Fotografieren I aus Kapitel 6 (6.2.1.) ausreichend vertraut
gemacht haben.

Vorbereitung:

Setzen Sie sich an einen Platz, von dem aus Sie das ganze Zimmer
überblicken können. Merken Sie sich gut, an welchem Platz der
Stuhl, der Tisch, die Lampe usw. stehen. Machen Sie eine Art „Inneres
Foto". Schließen Sie die Augen und versuchen Sie, die Einrichtung
bei geschlossenen Augen zu „sehen".

Öffnen Sie wieder die Augen. Betrachten Sie erneut den Raum.
Merken Sie sich weitere Objekte, die Ihnen vielleicht zuvor entgangen sind. Machen Sie ein neues „Inneres Foto".

Wiederholen Sie das innere Fotografieren ein drittes Mal.

Diese Übung können Sie nun weiterführen und überprüfen, ob Sie sich nun auch im Dunkeln sicher bei sich zu Hause zurechtfinde können. Sie können die Übung entweder am Tage mit geschlossenen Augen oder bei Nacht bei ausgeschaltetem Licht ausführen. Diese Übung schärft all unsere Sinne, die erforderlich sind, wenn unser Sehvermögen stark eingeschränkt ist. Bevor Sie mit der Übung beginnen, sollten Sie jedoch vorher alles aus dem Weg räumen, was zerbrechlich oder empfindlich ist und was Ihnen gefährlich werden könnte.

Gehen Sie nun sehr vorsichtig im Raum umher und folgen Sie dabei Ihrem inneren Foto. „Sehen" Sie mit Ihren Füßen und Händen, Ihren Ohren und der Nase.

Wenn Sie sich nach einiger Übung gut zurechtfinden, können Sie auch einige Objekte, die Sie fortgeräumt hatten, wieder hinstellen. Machen Sie auch danach wieder dreimal ein inneres Foto, bevor Sie den Raum erfühlen.

Wenn Sie einen Raum wirklich kennen, sich leicht und mühelos ohne den Sehsinn durch ihn bewegen können und Ihnen alle Gefahren vertraut sind, dann nehmen Sie einen anderen Raum in Ihrer Wohnung, bis Ihnen schließlich alle Räume, die Sie bewohnen, vollkommen vertraut sind.

Weiten Sie das *Innere Fotografieren* auch auf Ihre unmittelbare Umgebung aus – aber mit offenen Augen! Seien Sie für das achtsam, was auf Ihrem Weg zum Bäcker, zum Lebensmittelladen oder zum Friseur liegt, steht, geht, zu hören, zu sehen, zu riechen, zu fühlen ist. Gestalten Sie daraus einen kombinierten *Seh-, Schnupper- und Horch-Gang*.

Sich selbst und seine Umgebung zu kennen schenkt Selbstsicherheit und Präsenz. Beides fördert wiederum eine gute Kommunikation mit anderen Menschen.

10.6. Berühren und berühren lassen

Das großartigste Erlebnis im Leben ist,
tiefe Gedanken zu teilen und sich dann zu berühren.

– William Butler Yeats –

Berührung ist für mich eine der schönsten und wichtigsten Formen der Kommunikation. Worte können weitschweifig sein oder lügen, doch Berührung ist authentisch und direkt, auch ohne Worte. Eine kleine Geste mit der Hand vermittelt manchmal mehr als tausend Worte.

Sehr viele Menschen scheuen sich vor Berührung, ja selbst vor einem flüchtigen zufälligen Körperkontakt. In all den Jahren meiner Arbeit mit Menschen und wenn ich Freundschaften geschlossen habe machte ich immer wieder die Erfahrung, dass mein Gegenüber bei meiner ersten Berührung ziemlich erschreckte. Wenn man Tanz unterrichtet und nur verbal Korrekturen gibt, dauert es bei den meisten Schülern ewig, bis sie die Korrektur umsetzen können: Der Weg vom Kopf zum Rest des Körpers ist ziemlich lang und manchmal sehr kompliziert mit vielen Gedankenumwegen. Berührt man jedoch die Schüler an der notwendigen Stelle, können sie die Korrektur meist sofort umsetzen, da die Kommunikation unmittelbar ist. Das Gleiche geschieht bei heilsamen Berührungen oder anderen Arten von Körperarbeit. Unser Körper ist ein unglaubliches Wunderwerk und besitzt ein phänomenales Gedächtnis, in dem solche kleinen Berührungen abgespeichert werden. Eine Berührung kann so mehr lehren als stundenlange Vorträge.

Auch auf den zwischenmenschlichen Ebenen der Kommunikation kommt der Berührung eine bedeutsame Rolle zu. Einen Menschen wirklich in den Arm zu nehmen, ihn zu umarmen, wie er gerade in diesem Moment ist, kann eine tiefe Erfahrung sein und entsprechend auch das Herz berühren. Wenn wir unseren Raum des Herzens kultiviert, unseren inneren Garten bestellt haben, dann brauchen wir nicht mehr davor zurückzuschrecken. Und ich habe noch nie erlebt, dass der oder die Umarmte – nach dem vielleicht ersten Überraschungsschrecken über die Berührung – sie anschließend nicht genossen hätte.

10.6.1. Übung: Drei Umarmungen am Tag

In Abwandlung des Sprichworts *„An apple a day keeps the doctor away"* („Ein Apfel am Tag hält den Doktor fern") gibt es im englischen Sprachraum einen netten Spruch, der schön zum Ausdruck bringt, wie wichtig authentische Berührung ist: *Three hugs a day keeps the doctor away* – „Drei Umarmungen am Tag halten den Doktor fern."

Zentrieren Sie sich in Ihrem Herzen, atmen Sie tief ein und aus. Öffnen Sie den Raum Ihres Herzens und nehmen Sie jeden Tag möglichst drei Menschen liebevoll und achtsam in den Arm. Fangen Sie bei Familienmitgliedern an, weiten Sie diese Übung dann allmählich auf weitere Verwandte und Freunde aus. Geben und empfangen Sie eine von Herzen kommende Umarmung. Lassen Sie sich genauso herzlich umarmen.

Menschen, die Ihr Leben in Achtsamkeit und im Herzen ruhend führen, kommen an den Punkt, wo sie jeden Menschen, der ihnen begegnet, dort, wo es angebracht ist, einfach umarmen können, auch wenn ihnen dieser Mensch völlig fremd ist. Haben Sie erst einmal die erste Hemmschwelle der Vorurteile und anderen Gedanken überwunden, werden Sie erfahren, wie leicht es uns fällt und wie schön es ist, andere zu umarmen oder von anderen in den Arm genommen zu werden.

◆ ◆ ◆

Eine weitere Weise, Menschen zu berühren, lässt sich relativ unauffällig in eine Begegnung integrieren, wenn man sich die Hand gibt: Legen Sie Ihre linke Hand auf die einander gereichten Hände und spüren Sie auch die Oberseite der Hand Ihres Partners. Senden Sie gleichzeitig gute Wünsche mit dieser Hand zu Ihrem Gegenüber, wie einen wortlosen Segen.

Eine weitere Möglichkeit, sich berühren zu lassen, ist, sich einen guten Physiotherapeuten oder/und Masseur zu suchen. Es gibt auf diesem Gebiet wahre Künstler, die nicht nur unsere körperliche Mobilität wiederherstellen können, sondern die uns auch so zu berühren vermögen, dass die Seele und das Herz sich öffnen und ausdehnen mögen. Selbst wenn die Krankenkasse diese Leistungen nicht bezahlt, gönnen Sie sich diese Wohltat – und sei es nur einmal im Monat. Verzichten Sie lieber auf ein Paar neue Schuhe oder ein neues Shirt als darauf, berührt zu werden.

Wenn es Ihre Familie oder Ihr Umfeld zulässt, geben Sie selbst regelmäßig eine intuitive Massage. Jemanden so intensiv zu berühren und sich achtsam auf dieses Wesen einzustellen und seinen Bedürfnissen von Körper zu Körper zu lauschen kann wie das Empfangen einer Massage sein. Es ist beglückend, einem anderen Menschen wohlzutun oder ihn glücklich zu machen.

10.7. Stille und Kontemplation

Damit sind wir gleich bei einem Thema, das für jedes Alter eine wichtige Quelle der Freude bildet, jedoch im späteren Leben besonders bedeutsam ist, wenn uns kleinere oder größere Zipperlein das Leben zu vergällen drohen. Oder wie es in China heißt: *Jede fröhliche Minute verlängert das Leben um eine Stunde.*

10.7.1. Das Mitfreuen

Sich freuen, wenn andere sich freuen, ist eine sehr einfache Übung, die Sie überall, wo Sie Menschen sehen, die sich freuen, ausführen können. Mitfreude bringt uns außerdem aus unseren möglicherweise gerade trüben Gedanken und dem „Heimkino" in das Hier und Jetzt unseres Lebens.

Sind sie weniger durch Verpflichtungen eingebunden und haben mehr freie Zeit als Ihnen lieb ist, dann haben einige Menschen Mühe, mit den plötzlich langen Zeiten der Stille umzugehen, langes

Alleinsein zu ertragen, ohne gleich nach Unterhaltung oder dem Durchbrechen der Stille zu streben. Versuchen Sie, diese Zeit der Stille zu Ihrer Freundin zu machen.

Üben Sie dazu zuerst *Die Pausen hören,* wie in Kapitel 7.6.1. beschrieben. Lassen Sie die Pausen immer länger werden, bis Sie schließlich keine Unruhe mehr in Ihnen wachrufen, sondern eher Wohlsein und Zufriedenheit.

Als Ergänzung lässt sich eine weitere Übung hinzunehmen:

10.7.2. Übung: Die Lücken erkennen

Die Lücken erkennen funktioniert im Prinzip wie das *Pausen hören:* Seien Sie achtsam für die Lücken zwischen Gegenständen, zum Beispiel dem Abstand zwischen der Kaffeetasse und dem Zuckertopf. Die Lücken zwischen den Stühlen am Esstisch, die Lücken zwischen den Bäumen auf der Landstraße … Erleben Sie die Weite, die diese Lücken bieten – wie auch die Pausen, seien sie in der Musik oder im Lärmen der Welt.

Erspüren Sie diese Weite ebenfalls beim Wiederholen der Übung *Energieweben* (6.5.3.), wenn Sie den Abstand zwischen Ihren Händen immer weiter werden lassen und dabei dennoch das intensive Energiefeld wahrnehmen. Diese Übung ist hervorragend geeignet, um neue Kraft zu gewinnen und den eigenen „Akku" wieder aufzuladen. Außerdem zentriert und erdet sie uns und aktiviert unsere Selbstheilungskräfte.

Kuscheln Sie sich dann auch tagsüber in die Stille in der *Meditation zur Stille* (8.3.1.).

Nehmen Sie die Übung *Den Baum umarmen* in Ihr tägliches Programm zur Zentrierung, Erdung und Kräftigung auf. Sie sollte ein fester Bestandteil des täglichen Übungsprogramms sein, ganz gleich, ob Sie sie an einem echten Baum oder als Qigong-Übung ausführen. Umarmen Sie in dieser Übung nicht nur den Baum, sondern auch die Stille und Kraft, die er ausstrahlt.

Setzen Sie außerdem in Ihrem Haus das *achtsame Riechen* ein: Es kann uns helfen, Unachtsamkeiten wahrzunehmen, die uns und unsere Mitmenschen gefährden könnten – etwa wenn wir vergessen haben, den Küchenherd auszuschalten.

10.7.3. Übung: Kontemplation

Das stille Betrachten dessen, was ist, bildet einen weiteren Schritt, um zur Stille zu gelangen. Kontemplieren Sie nicht nur – wie in 6.2.7. vorgestellt – ein Kunstwerk oder einen Garten, sondern kontemplieren Sie auch andere Themen,zum Beispiel bei vorbeigehenden Menschen auf der Straße oder im Park:

Wie halten sich zwei Menschen an der Hand?

Wie tragen die Menschen ihre jeweilige(n) Tasche(n)?

Oder kontemplieren Sie Gedanken aus einem Buch oder einem guten Film, die Sie besonders berührt oder eine Saite in Ihnen haben anklingen lassen.

Oder kontemplieren Sie einfach den Blumenstrauß auf dem Tisch vor Ihnen.

Sehr schön finde ich die Kontemplation der Hände – unsere eigenen und die der anderen. Und warum nicht gleich den *Tanz der Hände* (6.5.1.) daran anschließen?

10.7.4. Stilles Tun

Man muss nicht unbedingt in unbewegter Meditation sitzen, um still zu werden. Es gibt viele Tätigkeiten, denen ein konstanter Rhythmus innewohnt, die durch ihren repetitiven Charakter eine Meditation in Bewegung bilden. In vielen spirituellen Traditionen sind das Fegen oder das Laubrechen klassische Beispiele für diese Art von stiller Arbeit. Mit etwas Übung und der entsprechenden inneren Haltung können wir nahezu jede Hausarbeit, die eine regelmäßige Bewegung erfordert, als Meditation ausführen.

Doch auch Handarbeiten, vor allem das Stricken, wirken nicht nur positiv auf das gute Zusammenspiel unserer beiden Gehirnhälften, sondern können durch ihren repetitiven Charakter sehr heilsam und meditativ sein. Musizieren wirkt ebenfalls sehr tief und Basteln und Heimwerken können zu ähnlichen Resultaten führen.

Manchmal kann uns auch das Lesen eines guten Buches in diesen stillen meditativen Zustand versetzen.

10.8. Realitätsüberprüfung und Humor

Eine Übung der *Realitätsüberprüfung* haben wir in Kapitel 8.2. kennengelernt. Eine andere, die ich Ihnen hier vorstellen möchte, ist sehr hilfreich, wenn Sie drohen, in ein schwarzes Loch zu versinken, oder spüren, dass Sie sich große Sorgen machen oder Angst haben.

10.8.1. Übung: Realitätsüberprüfung II

Versuchen Sie zunächst das, was Sie bedrückt, möglichst kurz und knapp in Worte zu fassen. Stellen Sie sich die Situation genau vor.

Legen Sie dieses Problem nun vor sich auf den Boden und ziehen im Geiste einen Kreis um sich und das Problem herum. Nun treten Sie sowohl körperlich als auch geistig aus diesem Kreis heraus. Atmen Sie tief durch. Betrachten Sie das Problem nun so unbeteiligt wie möglich von außen. Denken Sie daran: „Ich bin nicht meine Gedanken und nicht meine Gefühle." Nehmen Sie auch verschiedene Standpunkte zu dem im Kreis liegenden Problem ein.

Kehren Sie nun zu dem, was Sie bedrückt, zurück.

Wie fühlt es sich jetzt an?

Wie geht es Ihnen jetzt damit?

Finden Sie selbst eine Lösung, um aus dieser Situation heraus zu gelangen?

Kann Ihnen der Tod als Ratgeber (siehe 8.3.4.) zur Seite stehen?

Diese Übung kann uns manchmal auch die Tür dazu öffnen, mehr Humor in unser Leben einzulassen. Es tut gut, nicht alles so ernst zu nehmen – vor allem uns selbst! Versuchen Sie, immer mehr über sich selbst zu lachen. Wenn wir über uns und unsere kleinen Eigenheiten lachen können, verzeihen wir uns leichter selbst, sind weniger streng mit uns und bahnen den Weg für einen humorvollen Umgang

175

mit unseren Mitmenschen. Lachen ist ein wunderbares Kommunikations- und Heilmittel. Humor und innere Weisheit unterstützen uns beim Loslassen. Lachen Sie. Alles Irdische ist vergänglich. Ist das nicht zum Lachen?

◆ ◆ ◆

Eine Sufi-Geschichte:

Auch dies wird vergehen

Ein Derwisch war auf seinen vielen Wanderungen und Reisen immer wieder einem Mann namens Shakir begegnet. Der Name bedeutet: „einer, der dem Herrn immerfort dankt." Beim ersten Mal traf er ihn als reichen und einflussreichen Mann, der ihn freundlich und großzügig aufnahm und bewirtete. Er gab dem Derwisch beim Abschied die Worte mit auf den Weg: „Lasst Euch nicht von äußeren Trugbildern täuschen, denn auch dies wird vergehen."

Bei der nächsten Begegnung Jahre später war Shakir ein großes Unglück zugestoßen. Er hatte all sein Vieh und seine Besitztümer verloren und er und seine Familie standen nun in niedersten Diensten bei einem benachbarten Viehzüchter. Doch dieser Schicksalsschlag hatte keinerlei Auswirkung auf die Liebenswürdigkeit und Gastfreundlichkeit der Familie. Dem Derwisch tat diese Wende leid, aber Shakir sagte beim Abschied: „Das ist sehr freundlich von Dir, aber vergiss nicht, auch dies wird vergehen." Wieder zog der Derwisch berührt von dannen, um auf seinen Reisen durch verschiedene Länder weiter zu lernen. Er wurde allmählich älter, mochte sich aber nirgendwo niederlassen. Immer wieder führte ihn sein Weg in die Gegend, in der Shakir lebte.

Sieben Jahre waren vergangen, als er Shakir wieder begegnete. Dieses Mal empfing er ihn im prächtigen Haus des Gutes: Ja, der vormalige Besitzer sei gestorben und hatte keine Erben. Also habe er seinem treuen Diener Shakir alles vererbt. Doch beim Abschied sagte Shakir, wie zuvor: „Auch dies wird vergehen."

Der Derwisch, allmählich ziemlich betagt, begab sich auf eine längere Pilgerreise. Bei seiner Rückkehr in sein Heimatland wollte er noch ein-

mal nach Shakir sehen. Doch man führte ihn nur zu dem Grab seines Freundes mit einem schlichten Grabstein, auf dem geschrieben stand: „Auch dies wird vergehen."

Seit dieser Zeit machte der Derwisch es zu einer Gewohnheit, dieses Grab zu besuchen und dort zu meditieren. Als er es wieder einmal besuchen wollte, fand er einen verwüsteten Friedhof vor: Eine mächtige Flut hatte den Friedhof samt seiner Gräber davongespült.

Nachdem der Derwisch sich schließlich zur Ruhe gesetzt hatte, kamen von überall Leute herbei, um sich seinen weisen Rat zu holen. Die Kunde von seiner Weisheit gelangte eines Tages auch zum Hof des mächtigen Königs und seinen Beratern, die verzweifelt nach einer Lösung suchten: Der König wünschte, einen besonderen Ring anfertigen zu lassen, der so beschaffen sein sollte, dass er ihn glücklich stimme, wenn er traurig wäre, und traurig, wenn er sehr glücklich wäre. Die besten Juweliere standen bereit, die klügsten Männer und Frauen des Reiches waren versammelt, aber niemand hatte eine Vorstellung, wie man den Wunsch des Königs umsetzen könnte. Der Großwesir lud also den Derwisch ein, an den Hof zu kommen und ihnen zu helfen, einen solchen Ring zu fertigen.

Ohne einen Schritt vor die Tür zu setzen, sandte der Derwisch seine Botschaft an den Palast. Kurz darauf wurde dem König ein schlichter goldener Ring präsentiert. Er steckte ihn etwas missmutig an den Finger, hatte er doch schon die Hoffnung auf die Realisierung seines Wunsches aufgegeben und war nun schon seit Tagen niedergeschlagen gewesen. Als er den Ring genauer betrachtete, begann er zuerst zu lächeln und dann immer lauter zu lachen. Der Ring trug die Gravur „Auch dies wird vergehen".

KAPITEL 11

Lebensseligkeiten

In der anrührenden Erzählung „Rothschilds Geige" verwendet Anton Tschechov einen Ausdruck, der im Deutschen normalerweise mit „Habseligkeiten" übersetzt wird. Wörtlich übersetzt, müsste man jedoch „Lebensseligkeiten" sagen. Und genau dieser Ausdruck trifft das, worum es uns geht. Es sind nicht die Dinge, die wir haben, die wir besitzen, die uns glücklich machen, sondern diejenigen, die unser Leben lebenswert machen. Das kann etwas so Schlichtes sein wie das Lächeln, das uns jemand auf der Straße schenkt, oder wie eine gute Tasse Tee mit einem Menschen, den wir schätzen und lieben, zu trinken. Unter einem schönen Baum zu sitzen. Mit einem lieben Wesen eine berührende Musik zu hören … Dies sind Erfahrungen, die wir in unserem Herzen bewahren und die uns niemand je wieder nehmen kann. An diese Lebensseligkeiten werden wir uns bei unserem letzten Atemzug erinnern – nicht an unser neuestes Smartphone oder unsere schicken Markenschuhe. Oft ist es eine Kleinigkeit, manchmal ein ganz „normaler" Gegenstand, der seine Magie, seine Kostbarkeit durch einen ganz besonderen Augenblick in unserem Leben empfangen hat und der uns immer an diesen kostbaren Moment erinnert. Und manchmal ist es einfach nur der Augenblick selbst, der so besonders und wunder-voll ist, dass wir ihn unseren Lebtag als Schatz in unserem Herzen hüten.

Kitahara Hakushu bringt einen solchen Augenblick von Lebensseligkeit in einem Gedicht zum Ausdruck:

Ich habe Brot gekauft und rote Rosen geschenkt bekommen.
Wie glücklich bin ich, beides in den Händen zu halten.

Lebensseligkeiten sind auch das, was wir jeden Tag an Positivem erfahren: die kleinen Segnungen des Alltags. Häufig bemerken wir sie nicht einmal. Doch genau sie sind es, die unser Leben so lebens- und liebenswert machen. Und so finster uns manches Mal zumute sein mag, oft kommt unverhofft ein Lichtstrahl zu uns und bringt uns wieder in lichtere Gefilde. Bedanken Sie sich für das Lächeln, das man Ihnen schenkt, oder für die Handvoll Kirschtomaten, die Ihnen Ihr Gemüsebauer zusätzlich zu Ihrer Ware schenkt, weil er weiß, dass Sie jeden Sommer vom wunderbaren Geschmack dieser Tomaten begeistert sind.

11.1. Dankbarkeit

Dankbarkeit ist eine der Voraussetzungen, um die Geschenke, die wir erhalten, als solche zu erkennen und zu würdigen. Dankbarkeit schenkt uns eine Geisteshaltung, die von Annahme und Offenheit geprägt ist und somit wieder Raum schafft, damit neue Zuwendungen erfahrbar gemacht werden können.

11.1.1. Übung: Danken

Erinnern Sie sich jeden Abend vor dem Einschlafen an all die Lebensseligkeiten, die Sie an diesem Tag empfangen durften.

Bedanken Sie sich dafür und schlafen Sie mit einem Lächeln der Dankbarkeit und Wertschätzung ein. Dankbarkeit ist der Schlüssel zur Erkenntnis.

Sollten Sie das Gefühl haben, heute keine Lebensseligkeit empfangen zu haben, so erinnern Sie sich an eine oder mehrere vergangene, oder schauen Sie noch einmal genauer hin.

Selbstbeobachtung:

Welches sind meine Lebensseligkeiten am heutigen Tag?

Welches sind meine Lebensseligkeiten im ganzen Leben?

Wofür stehen sie für mich?

Was hindert mich, sie zu erkennen und dankbar zu sein?

11.2. Verkleidete Segnungen

Verkleidete Segnungen sind Werte und Geschenke, die im Gewand des Negativen daherkommen. Zuerst scheinen sie uns nicht förderlich zu sein. Doch mit der Zeit oder nach bestimmten Wendungen des Lebens erweist sich, dass das, was anfangs negativ schien, bei genauerer Betrachtung ein Segen für uns ist.

Lassen wir eine Geschichte für sich sprechen:

Bei einem Schiffsunglück gab es einen einzigen Überlebenden. Dieser wurde an den Strand einer einsamen und unbewohnten Insel gespült. Tag für Tag hielt er Ausschau, ob nicht ein Schiff am Horizont zu sehen sei. Als nach vielen Tagen noch immer kein Schiff zu sehen war, baute er sich eine kleine primitive Hütte aus Holz.

Eines Tages kam er von einem Ausflug auf die andere Seite der Insel zurück und musste feststellen, dass seine Hütte in Flammen stand. Wieder hatte er alles verloren und seine Stimmung schwankte zwischen Ärger und Verzweiflung. Aus Blättern baute er sich entmutigt eine neue Unterlage als Bettstelle.

Am nächsten Morgen wurde er durch das Motorengeräusch eines Bootes aufgeweckt, das sich der Insel näherte. Man kam, um ihn zu retten. „Woher wussten Sie, dass ich hier bin?", fragte er seine Retter.

„Wir haben Ihr Rauchsignal gesehen", antwortete der Seemann.

◆ ◆ ◆

181

11.3. Wunder

Wenn sie ein Wunder sehen,
schließen die meisten Menschen die Augen.

– Christian Bobin, *Freude-Funken* –

Wir haben mittlerweile gemeinsam einen beachtlichen Weg in Achtsamkeit zurückgelegt. Jetzt möchte ich Sie einladen, noch einen weiteren Schritt mit mir zu gehen und auf die Wunder achtzugeben, die jeden Tag geschehen. „Wunder", mögen Sie sagen, „gibt es nicht." Aber sehen Sie sich allein Ihren Körper an. Jeder Mensch, ja jede Kreatur ist ein einzigartiges Wunderwerk! Die ganze Schöpfung ist ein Wunder. Wenn wir achtsam sind und genau hinzuschauen vermögen, dann offenbart sich uns eine neue Perspektive, eine neue Landschaft. Ein anderes Wort für Wunder ist für mich Gnade. Gnade gilt als veraltetes Wort und die meisten kennen es nur noch aus dem Kontext der Weihnachtslieder („gnadenreiche Weihnachtszeit"). Wenn wir von einer schweren Krankheit geheilt werden, dann nenne ich das Gnade. Wenn ein Baby gesund das Licht der Welt erblickt, dann ist das Gnade. Wenn Sie immer wieder in dem Moment, wo Sie es brauchen, Menschen zur Seite haben, die Ihnen in entscheidenden Situationen den rechten Wink oder Ratschlag geben, dann ist auch das Gnade.

Wenn Sie das Gefühl haben, Ihr Leben werde wohlwollend wie von unsichtbarer Hand geführt und die Dinge fügen sich so, dass Sie Ihren Weg gehen können, so kann man auch dies als ein Wunder oder Gnade bezeichnen. Doch auch ein besonders gelungenes Konzert, bei dem alle Musizierenden über sich hinaus gewachsen sind und wir daran teilhaben durften, ist eine Form von Gnade. Wunder geschehen, und wenn wir achtsam und dankbar sind, können wir sie auch wahrnehmen.

Wunder entstehen im Kopf. Wenn Sie Ihren Geist für die Möglichkeit offen halten, dass Wunder geschehen können, dann haben sie auch eine Chance zu geschehen und als solche erkannt zu werden. Denn Wunder geschehen, ob Sie daran glauben oder nicht. Ja, viele Menschen werden Zeuge eines Wunders und merken es nicht, weil sie so in ihren engen Gedankenwelten gefangen sind, dass sie die Augenblicke des Wunders glatt verpassen. Ihre selbstgebastelte Realität ist so dominant, dass sie, wenn sie die Geschichte eines Wunders hören, bei dem sie anwesend waren, die Frage stellen: „War ich wirklich dabei?"

Wunder zu erwarten hat nichts mit Realitätsferne, sondern eher mit Realitätsnähe zu tun. Jemand, der an Wunder glaubt, ist jemand, der seine Welt und sich selbst mit offenen Sinnen wahrnimmt und dabei nicht das ausklammert, was über seinen momentanen Kenntnisstand hinausgeht. Denn wie wir wissen, sind Kenntnisse, wie alles in der Welt, etwas Fließendes, sich Veränderndes.

Für die vielen Wunder, die ich in meinem Leben erfahren durfte, bin ich sehr dankbar. Erlauben Sie mir, Ihnen von einer Kette an Wundern zu berichten.

Kein Problem!

Mit einer kleinen Pilgergruppe von Freunden befand ich mich auf dem Rückflug von Toulouse nach Deutschland, als uns beim Zwischenstopp in Paris verkündet wurde, dass nicht alle aus der Gruppe auf dem Anschlussflug nach Deutschland Platz hätten, da es aufgrund der Wetterverhältnisse (Nebel) zu Verzögerungen gekommen war. Fünf Passagiere müssten die Nacht in Paris verbringen und könnten erst am nächsten Tag weiterfliegen. Da ich ohnehin Ferien hatte, erklärte ich mich bereit, zusammen mit vier weiteren erst am nächsten Tag weiterzureisen, während die anderen Mitglieder der Gruppe am nächsten Morgen bereits wieder arbeiten mussten. Unser Grüppchen bekam Gutscheine für das Hotel, ein Abendessen und ein Frühstück und durfte sich den Flug für den nächsten Tag aussuchen. Da eine Person aus unserem Grüppchen ebenfalls am nächsten Tag arbeiten musste, wie sich im Nachhinein herausstellte, reservierten wir gleich um 7 Uhr morgens den Rückflug.

Nach all diesen Wirren kamen wir schließlich ziemlich müde und vor allem hungrig im Hotel an und machten uns, nachdem wir unsere

Zimmer bezogen hatten, auf den Weg in das hoteleigene Restaurant. Es war brechend voll, kein freier Tisch weit und breit zu sehen. Wir warteten eine Weile. Als endlich ein Tisch frei wurde, ging ich zu dem Mann, der offenbar der Restaurant-Manager war, und fragte ihn, ob wir uns schon an jenen Tisch setzen dürften; es mache uns auch nichts, dass er noch nicht neu eingedeckt sei. Nein, das ginge auf keinen Fall, erwiderte der Manager, es sei heute Abend ohnehin alles zu viel … Er war offensichtlich ziemlich überfordert. Ich ließ jedoch nicht locker und erklärte sehr höflich und ruhig: Ich verstehe ja seine Situation, er habe sicher einen schweren Tag hinter sich und das Restaurant solle bald schließen, doch wir seien nicht freiwillig hier, wären durch die Wetterbedingungen gezwungen, hier zu übernachten, und seien nun sehr müde und vor allem sehr hungrig. Er würde uns einen großen Dienst erweisen, wenn wir uns an diesem freien Tisch niederlassen dürften. Schließlich gab er nach und wir setzten uns an den Tisch. Doch welch eine Enttäuschung: Die Preise in diesem Restaurant entsprachen einer gehobenen Kategorie, sodass wir für unseren Gutschein kaum mehr als einen Hauptgang bekamen. Ein Getränk dazu war nur möglich, wenn man sich eine Karaffe Wein teilte. Während wir noch jonglierten, wie wir uns ein Essen leisten könnten, stand plötzlich eine Liter-Karaffe mit Rotwein auf dem Tisch. Ich sprach den Kellner an: Wir hätten diese nicht bestellt, wie das denn gehe? „Keine Sorge, kein Problem", antwortete er und schenkte uns den Wein ein.

Wir bestellten also jeder ein Hauptgericht. Dies geschah noch zu Zeiten der Nouvelle Cuisine in Frankreich, und so fiel die Essensportion auf dem schön dekorierten großen Teller verschwindend klein aus. Mittlerweile war die Karaffe Wein geleert, und ehe wir uns versahen, stellte uns der Kellner eine Flasche besten Weines auf den Tisch, die schon eine ganze Weile auf einem Bord in der Nähe „zum Lüften" gestanden hatte. Wieder wurde meine Frage mit „kein Problem!" beantwortet. Das Essen war köstlich, aber einfach zu wenig. Also baten mich meine mitreisenden Freunde, ob ich nicht fragen könnte, ob unser Gutschein auch noch für ein Dessert reichen würde. Und erneut lautete die Antwort: „Kein Problem! Suchen Sie sich eins nach Belieben aus." Ich konnte es nicht fassen. Befand ich mich wirklich in Paris? Ich kam mir vor, als sei ich in einem

Märchen gelandet, wo jeder Wunsch erfüllt wurde. Wir bestellten jeder eine andere Nachspeise und probierten reihum von den Köstlichkeiten. Als wir gerade in den Genüssen schwelgten, kam der Manager an unseren Tisch und fragte, ob es uns nun besser gehe. Ja, antwortete ich und bedankte mich sehr für seine Großzügigkeit. „Ja", sagte er bescheiden, „ich wollte mich so für meine anfängliche Grobheit Ihnen gegenüber entschuldigen und hoffe, es wieder gut gemacht zu haben." Das war mehr als gelungen. Meine Freunde haben von diesem kleinen Wunder in der sonst so unfreundlichen Pariser Welt nichts mitbekommen; sie waren zu sehr in Gedanken mit den vergangenen Ereignissen oder mit dem, was sie am kommenden Tag erwarten würde, beschäftigt.

Wir hatten das Dessert noch nicht ganz aufgegessen, als plötzlich der Leiter der Hauptgruppe an unserem Tisch stand: Auch sie hatte den Anschlussflieger verpasst, doch die Fluggesellschaft lehnte bei diesem Teil der Gruppe ab, dafür die Verantwortung zu übernehmen. Alle Angestellten der Airline wären sehr unfreundlich gewesen und hätten jede weitere Verhandlung blockiert. Sie müssten aus eigener Tasche für ihre Unterkunft und Verpflegung aufkommen. Da das Hotel, in dem unser Grüppchen untergebracht war, mittlerweile ausgebucht war, zog sie in ein nebenan gelegenes Hotel.

Nach einer sehr kurzen Nacht überzeugte ich mit einigen Mühen meine Mitreisenden davon, zum Flughafen zu fahren und unseren Flug auf den der Hauptgruppe umzubuchen, der um 10 Uhr abfliegen sollte.

Eine halbe Stunde vor Abflug unseres ursprünglich gebuchten Flugs kam ich zum Schalter und fragte, ob ich den Flug auf die Maschine um 10 Uhr umbuchen könne, damit unsere Gruppe wieder gemeinsam flöge. „Kein Problem", sagte der fröhliche Angestellte. „Sie möchten doch sicher alle auch zusammen sitzen. Ich werde Ihnen die Plätze beieinander reservieren." Ich war sprachlos. Da wir das Hotel so früh verlassen hatten, hatten wir noch nicht frühstücken können. Ob man uns die Gutscheine gegen andere für ein Flughafen-Restaurant eintauschen könne? „Kein Problem", lautete die Antwort. Wir bekamen in einem der Restaurants daraufhin ein fürstliches Frühstück und riefen dann gut gestärkt unseren Leiter an, um ihm mitzuteilen, dass wir auf alle anderen warten und gemeinsam die Heimreise antreten würden. Da viele unserer Mitrei-

senden eigentlich schon am Arbeitsplatz hätten sein müssen, bräuchten wir Bescheinigungen von der Fluggesellschaft, dass sie verhindert seien, sagte er. Also suchte ich wieder den freundlichen Angestellten der Airline auf und bat ihn, für jeden aus der Gruppe eine Bescheinigung auszustellen, dass es aufgrund von Nebel zu Verzögerungen im Flugverkehr gekommen sei und daher die Anschlussflüge nicht gewährleistet waren. „Kein Problem", sagte er wiederum und wenige Minuten später hielt ich, noch ziemlich ungläubig über dieses Glück, einen Stapel der nötigen Papiere in den Händen.

Denn, noch ein Wunder, mit diesem „Papier" konnten sich die Teilnehmer nicht nur an ihrem Arbeitsplatz für ihre Verspätung entschuldigen, sondern sich später sogar die Kosten für Essen und Hotel von der Airline erstatten lassen.

11.4. Annehmen

Lebensseligkeit entsteht auch dann, wenn wir annehmen, was uns begegnet; wenn wir nicht mehr gegen etwas ankämpfen, sondern uns mit allem, was uns begegnet, anfreunden. Dazu gehört auch, uns selbst anzunehmen, wie wir sind.

Die Praxis der Achtsamkeit führt uns auf den Weg der Annahme und Akzeptanz unserer selbst und anderer sowie der Gegebenheiten in unserem Leben. Es gibt Dinge, die wir ändern können, und es gibt Dinge, die wir nicht ändern können. Achtsamkeit und Intuition geben uns die Weisheit, zwischen beiden zu unterscheiden. Wir urteilen dann nicht mehr vorschnell, sondern sind in der Lage, verkleidete Segnungen zu erkennen oder andere Lösungswege zu begehen, als wir es gewohnt sind. Wenn es uns gelingt, Achtsamkeit zur Gewohnheit in unserem Leben zu machen, wird auch unsere Fähigkeit, die Gegebenheiten des Lebens anzunehmen, wachsen und mehr und mehr zu einer neuen Gewohnheit werden. Was sich dann einstellt, ist Zufriedenheit und Gelassenheit, Heiterkeit und Freude am Leben.

11.5. Sich erinnern

Sich an das Göttliche (in uns) zu erinnern ist eine bei Sufis weit-
verbreitete Praxis. Normalerweise wird sie im Rahmen eines Gebets
praktiziert, wir wollen sie jedoch ein wenig abwandeln. Wir erinnern uns, ähnlich wie in der Übung *Danken*. Doch jetzt erinnern
wir uns nicht an etwas, das wir bekommen haben, sondern an das,
was wir sind.

11.5.1. Übung: Sich erinnern

Zentrieren Sie sich im Herzen. Atmen Sie drei tiefe Atemzüge ins
Herz.

Rufen Sie sich nun einen Augenblick ins Gedächtnis, als Sie glücklich waren, als Sie verliebt waren, als Sie stark waren, als Sie großzügig
waren, als Sie mutig waren. Grübeln Sie nicht lange, sondern nehmen
Sie das Erste, was Ihnen in den Sinn kommt, und verbinden Sie
sich mit dieser positiven Eigenschaft. Werden Sie wieder zu dieser
Eigenschaft. Atmen Sie diese Eigenschaft leise in Ihr Herz.

Sie können die Eigenschaft auch leise in Ihr Herz summen und
sich dabei mit dem Oberkörper etwas hin und her wiegen.

Diese Übung eignet sich wunderbar als Abschluss des Arbeitstages,
am besten bei Sonnenuntergang. Erinnern Sie sich jeden Tag zehn
Minuten lang nach getaner Arbeit Ihrer Göttlichkeit. Oder wann
immer Sie mögen.

KAPITEL 12

Achtsamkeit im Alltag erleben

Damit Achtsamkeit für uns zu einer zweiten Natur werden kann, müssen wir regelmäßig üben. Dies geschieht am leichtesten, wenn wir die Übungen und Meditationen zur Achtsamkeit fließend in unseren Tagesablauf eingliedern und Achtsamkeit auf diese Weise zu einer wohltuenden und förderlichen Gewohnheit in unserem Leben machen.

Anhand eines beispielhaften Tagesablaufs gebe ich Ihnen im Folgenden eine Grundstruktur, die verdeutlicht, wie Sie die in diesem Buch vorgestellte Achtsamkeitspraxis in Ihren Alltag einbetten können. Mit fortschreitender Übung ergänzen Sie dann den Tagesablauf durch weitere Übungen und Meditationen oder ersetzen die bislang geübten durch andere. An einigen Punkten unterscheide ich zwischen Empfehlungen für sitzende und sich viel bewegende Berufstätige. Wenn Sie zum Beispiel einen Beruf ausüben, bei dem Sie den ganzen Tag im Büro sitzen, ist es besser, mit einer bewegten Meditation und nicht mit einer Sitzmeditation zu beginnen. Nehmen Sie in jedem Falle eine federleichte und spielerische Haltung zu Ihrer Übung ein und setzen Sie sich nicht unter Druck. Tun Sie sich jedoch den Gefallen, so diszipliniert und verantwortungsvoll gegenüber sich selbst zu sein, dass Sie tatsächlich regelmäßig üben. Denn gerade, wenn Sie sehr wenig Zeit haben und angespannt sind, ist Achtsamkeit vonnöten.

12.1. Achtsam durch den Tag einer Arbeitswoche

Stellen Sie den Wecker 15 bis 20 Minuten früher als üblich.

❖ Beginnen Sie nach dem Aufwachen mit *Den Körper aufwecken (2.5.)*.

❖ Wenn Sie einen sitzenden Beruf ausüben, führen Sie 10 bis 15 Minuten den *Elemente-Atem (2.3.)* aus, wenn möglich im Freien.

❖ Üben Sie Ihren Beruf im Stehen aus oder sind dabei ständig in Bewegung, so nehmen Sie sich 10 bis 15 Minuten Zeit für die *Sitzmeditation (2.4.)*.

❖ Integrieren Sie *achtsames Zähneputzen* und *Duschen* in Ihre Morgentoilette.

❖ *Achtsames Frühstücken*

❖ Auf dem Weg zur Arbeit: *Seh-Gang (6.2.3.)* oder/und *Schnupper-Gang (6.4.1.)*

❖ Bei der Arbeit: *Achtsame und authentische Kommunikation (9.2.)*, *Den Halbmond lächeln (9.1.)*

❖ Mittagspause: *Achtsames Essen (6.3.)* und *Ins Herz lächeln (5.1.)*

❖ Bei der Arbeit: *Geduld-Übung* mit *Halbmondlächeln (9.3.)*

❖ Pause: *Brachliegen II (8.3.2.)*

❖ *Achtsames Einkaufen (Übung 8.1.3. und 8.1.4.)* oder/und *Spaziergang* in Verbindung mit einem der Gänge.

❖ Nach dem Abendessen: *Sich erinnern (11.5.1.)*, anschließend: *Lachübung (7.3.2.)*.

❖ Vor dem Schlafen: *Danken (11.1.1.)*

❖ Dreimal am Tag *Freude bereiten* und jemanden *umarmen*.

❖ Ein- bis dreimal in der Woche: Taiji oder Qigong unter Anleitung üben oder tanzen.

12.2. Achtsam durch das Wochenende

❖ Nach dem Aufwachen: *Den Körper aufwecken (2.5.)* und *Ins Herz lächeln (5.1.)*.

❖ (Möglichst vor dem Frühstück) Wenn möglich im Freien: *Elemente-Atem* und anschließend Taiji oder Qigong üben. Oder an Ihrem Kraftplatz die Meditation *Sammlung der Kraft* (2.6.) praktizieren.

❖ Achtsames Zubereiten und Essen des Frühstücks mit allen Mitbewohnern oder der Familie.

❖ Je nach Gegebenheit: Partnerübungen oder/und Übungen mit Kindern in den Tagesablauf integrieren.

❖ Mit dem Partner gemeinsame Zeit zur Berührung und für achtsame Kommunikation finden (9.2., 9.4., 9.5.). Eventuell gemeinsam die *Blütenatmung* (4.2.A) durchführen.

❖ *Brachliegen I (8.3.1.)*

❖ *Unerledigte Geschäfte I* (8.2.)

❖ Mindestens eine längere *Meditation* pro Tag einplanen.

❖ Musik oder Klängen lauschen.

◆ ◆ ◆

Achtsamkeit

Nan-in war ein Zen-Meister. Seine Schüler schulten sich normalerweise mindestens zehn Jahre bei ihm, bevor sie selbst zum Lehrer wurden.

Tenno, einer seiner Schüler, besuchte seinen Meister, nachdem er im Anschluss an seine Lehrzeit selbst zum Lehrenden geworden war. Da es ein regnerischer Tag war, hatte Tenno Holzschuhe und einen Regenschirm bei sich.

Als er bei Nan-in eingetreten war und ihn begrüßt hatte, sagte dieser: „Ich nehme an, dass du deine Holzschuhe im Vorraum gelassen hast. Sag mir doch, ob du deinen Regenschirm rechts oder links von den Schuhen abgestellt hast.»

Tenno war verwirrt und konnte die Frage nicht beantworten. Er erkannte, dass er nicht in der Lage war, in jedem Moment achtsam zu sein. Und so schulte er sich noch weitere sechs Jahre unter Nan-in.

ANHANG

Ausgewählte Bibliographie

Chödrön, Pema: *Tonglen. Der tibetische Weg, mit sich selbst und anderen Frieden zu schließen.* Freiamt: Arbor Verlag, 2001.

Devi, Nischala Joy: *Die verborgene Kraft des Yoga. Eine weibliche Sicht der Yoga-Sutras.* Oberstdorf: Windpferd, 2012.

Douglas-Klotz, Neil: *Die Weisheit der Sufis. 99 Meditationen der Liebe.* München: Kösel, 2007.

Dzongsar Jamyang Khyentse Rinpoche (Khyentse Norbu): *Weshalb Sie (k)ein Buddhist sind.* Aitrang: Windpferd/Schneelöwe, 2007.

Güvenç, Oruç/Andrea Azize Güvenç: *Heilende Musik aus dem Orient.* München: Südwest, 2009.

Harvey, Andrew/Hanut, Eryk: *Der Duft der Wüste. Das Herz der Sufi-Mystik.* Freiamt: Arbor, 2003.

Inayat Khan, Hazrat: *Ein Sufi-Brevier.* Heilbronn: Verlag Heilbronn, 1991.

Inayat Khan, Hazrat: The Sufi Message. Siehe: http://www.sufimessage.com

Kabat-Zinn, Jon: *Zur Besinnung kommen: Die Weisheit der Sinne und der Sinn der Achtsamkeit in einer aus den Fugen geratenen Welt.* Freiamt: Arbor, 2006.

Kabir: *Im Garten der Gottesliebe.* Heidelberg: Hermes, 1993.

Marzolph, Ulrich (Hrsg.): *Nasreddin Hodscha: 666 wahre Geschichten.* München: Beck, 1996.

Matthis-Namgyel, Elizabeth: *Offene Fragen, die zu ungeahnten Einsichten führen.* Oberstdorf: Windpferd, 2012.

Mipham, Sakyong: *Wie der weite Raum. Die Kraft der Meditation.* München: dtv, 2005.

Mipham, Sakyong: *Den Alltag erleuchten. Die vier buddhistischen Königswege.* München: dtv, 2007.

Quarch, Christoph (Hrsg.): Inayat Khan, Hazrat: *Gestimmt auf Gottes Melodie.* München: Diederichs, 2010.

193

Richo, David: *Fünf Dinge, die wir nicht ändern können und das Glück, das daraus entsteht.* Oberstdorf: Windpferd, 2008.

Richo, David: *Reif werden füreinander. Wie man in Beziehungen erwachsen wird. Die fünf Dimensionen authentischer Liebe.* Oberstdorf: Windpferd, 2009.

Schimmel, Annemarie: *Mystische Dimensionen des Islam. Die Geschichte des Sufismus.* Köln: Diederichs, (3. Aufl.) 1995.

Schuhmacher, Stephan: *Zen.* Kreuzlingen/München: Hugendubel, 2001.

Schuhmacher, Maike und Stephan (Hrsg.): *Wenn die Wuzeln sich umarmen. Die Weisheit Afrikas.* Kreuzlingen/München: Hugendubel, 2008.

Shah, Idries: *Die Sufis.* Düsseldorf/Köln: Diederichs, 1976.

Sogyal Rinpoche: *Das tibetische Buch vom Leben und vom Sterben. Ein Schlüssel zum tieferen Verständnis von Leben und Tod.* Bern u.a.: O.W. Barth, 1993.

Stevens, D. E. (Hrsg.): *Meher Baba: Das spirituelle Herz erwecken.* Oberstdorf: Windpferd, 2011.

Trungpa, Chögyam: *Arbeit, Sex, Geld. Meditation in Aktion.* Oberstdorf: Windpferd 2012.

Vaughan-Lee, Llewellyn: *Transformation des Herzens. Die Lehren der Sufis.* Frankfurt am Main: Krüger, 1996.

Inspirierende Belletristik zu Aspekten von Achtsamkeit

Al-Ghasâli: *Das Elixier der Glückseligkeit.* München: Diederichs, Sonderausgabe 1998.

Barbery, Muriel: *Die Eleganz des Igels.* München: dtv, 2009.

Baricco, Alessandro: *Seide.* München: dtv, 2005.

Baricco, Alessandro: *Novecento. Die Legende vom Ozeanpianisten.* München: dtv, 2006.

Bauer, Maike (Hrsg.): *Vom Glück des Tanzens.* Winterthur: Edition Spuren, 2009.

Bobin, Christian: *Freude-Funken.* Winterthur: Edition Spuren, 2013.

Bobin, Christian: *Melusines Lächeln.* Winterthur: Edition Spuren, 2005.

Cueco, Henri: *Dialog mit meinem Gärtner.* Frankfurt am Main: Schöffling, 2011.

Krusche, Dietrich (Hrsg.): *Haiku. Japanische Gedichte.* München: dtv, 1997.

Rumi, Dschalaluddin: *Traumbild des Herzens. Hundert Vierzeiler.* Zürich: Manesse, 2005.

Eine kleine Auswahl an Musikempfehlungen

Heilmusik:

Barockmusik.

Gandarva Veda Music – gibt es als freien Download im Internet.

Güvenç, Oruç & Tümata: *Rivers of One*. Makam Rast. Traditionelle Heilmusik der Sufis. 1998.

Güvenç, Oruç & Tümata: *Die heilenden Klänge des Medicus* CD 1-4. 2000.

Lama Gyurme & Jean Philippe Rykiel: *Rain of Blessings*. *Vajra Chants*. Realworld, 2000.

Musik der Stille:

Bach, Johann Sebastian: *Die Sonaten und Partitas für Solo-Violine CD 1 und 2*. Gidon Kremer, Violine. ECM 2005.

Garbarek, Jan & The Hilliard Ensemble: *Officium*. ECM 1994

Micus, Stephan: *Koan*. ECM 2008.

Micus, Stephan: *Ocean*. ECM 1986.

Musik aus dem 12.-14. Jh. (z.B. Gregorianik, Musik von Hildegard von Bingen etc.)

Sharma, Shivkumar/Zakir Hussain: Classical Indian Music.

Tadjima Tadashi: *Master of Shakuhachi*. Network 1999.

Herzmusik:

Bach, J.S.: *h-moll-Messe* und *Magnificat*.

Chansons von Edith Piaf, Barbara, Jacques Brel, Cesaria Evora (z.B. Café Atlantico) und anderen.

Gasparian, Djivan: *Heavenly Duduk*. Network 1999.

Güvenç, Oruç: *Ocean of Remembrance. Sufi-Improvisation und Zhikrs*. Interworld Music 2011.

Karaindrou, Eleni: *Ulysse's Gaze*. Kim Kashkashian, Viola. ECM 1995.

Madre Deus: *O Espirito Da Paz*. EMI 1994.

Micus, Stephan: *Wings over Water*. ECM 1981.

Mozart, W.A.: *David penitente, Messe c-moll* und *Requiem. Klavierkonzerte*.

Sevda Alekperzadeh: *Sevdali Dunya – Worlds of Love*. Network 2009.

Sufimusik, vor allem mit Ney-Flöte.

Tsabropoulos, Vassilis/Anja Lechner/U.T. Gandhi: *Melos*. ECM 2007.

Tsabropoulos, Vassilis/Anja Lechner: Gurdjieff, Tsabropoulos: *Chants, Hymns and Dances*. ECM 2004.

Violinkonzerte der Klassik und Romantik.

Zentrierender Rhythmus („Bauch- und Herzmusik"):

Brahem, Anouar: *Le Pas du chat noir*. ECM 2002.

Brahem, Anouar: *Le Voyage du Sahar*. ECM 2006.

Desert Blues. Ambiance Du Sahara u.a. Vol. 1-3. Network ab 1999.

Guem und Zaka: Percussion. Z.B. Best of Percussion. 2003.

Island Blues. Between Sea and Sky: A Dream Voyage to the Soul of the Isles. Network 2002.

Le Trio Joubran: *As Fâr*. Harmonia Mundi 2011.

McFerrin, Bobby: *Circle Songs*. Sony Classical. 2013

Ravel, Maurice: *Bolero*.

Roth, Gabrielle: Diverse CDs, insbesondere *Bones* und *Totem*.

Savall, Jordi/Montserrat Figueras: *Mare Nostrum*. Alia Vox 2011, und viele andere Aufnahmen des Ensembles.

Strawinsky, Igor: *Le sacre du printemps. Petruschka*. Dirigent: Pierre Boulez.

Wiese, Klaus/Ted de Jong: *Tarîqa*. Edition Ak 2000.

Wiese, Klaus/Ted de Jong/M. Grassow: *El Hadra. The Mystic Dance*. Edition Ak (Silenzio) 2000.

Tanz- und Freudenmusik:

Barockmusik, vor allem italienische.

García-Fons, Renaud: *Méditerranées*. Enja 2010.

Kandirali, Mustafa und Ensemble: *Caz Roman*. Network 2002.

Lateinamerikanische und kubanische Musik.

McFerrin, Bobby: *Circle Songs*. Sony Classical 2013

Nusrat Fateh Ali Khan: *Devotional Songs*. Real World 2007.

Roth, Gabrielle: Diverse CDs.

Savall, Jordi und Ensemble Hesperion XXI: *Ludi Musici. The Spirit of Dance 1450-1650*. Alia Vox 2007.

196

Empfehlungen für Filme, in denen Aspekte von Achtsamkeit angesprochen werden

Dialog mit meinem Gärtner. Ein Film von Jean Becker nach dem gleichnamigen
Roman von Henri Cueco. Frankreich 2007.

Die Eleganz der Madame Michel. Ein Film von Mona Achache nach dem Roman
Die Eleganz des Igels von Muriel Barbery. Frankreich 2009.

Erleuchtung garantiert. Ein Film von Doris Dörrie. Deutschland 2000.

Kirschblüten – Hanami. Ein Film von Doris Dörrie. Deutschland 2008.

Spiel der Götter: Als Buddha den Fußball entdeckte. Ein Film von Khyentse
Norbu. Bhutan/Australien 1999.

Wie im Himmel. Ein Film von Kay Pollak. Schweden 2004.

Danksagung

Wie bei so vielen Projekten liegt auch diesem Buch ein Zusammen-wirken vieler wunderbarer Kräfte zugrunde, von denen ich hier nur die wesentlichsten erwähnen möchte:

Großer Dank gebührt der mutigen und klugen Verlegerin Monika Jünemann, die die Anregung gab, meine Erfahrungen mit Achtsam-keit in einem Buch darzulegen. Für sein akribisches Lektorat und stilistisches Feingespür danke ich meinem Mann Stephan Schuhma-cher und für den letzten Feinschliff am Manuskript meiner Lektorin Sylvia Luetjohann. Meiner Freundin und Gefährtin auf dem Weg des Herzens Ursula Leerhoff danke ich für ihren Zuspruch, das poe-tische Feingefühl und die weise Geduld, die mich durch manche Täler wieder in die inspirierenden Höhen getragen haben. Meiner Mutter Vera danke ich nicht nur, weil sie meine erste Lehrerin war, sondern auch, weil sie einen wesentlichen Impuls für die Bedeutung von Achtsamkeit im Alter gegeben hat.

Zu tiefster Dankbarkeit verpflichtet bin ich Rosella Hightower – möge ihre Seele in Frieden sein! – , die zusammen mit Joan Wulfsohn die „Wurzeln" für den Baum meines bewegten Lebens gepflanzt und mich gelehrt hat, Körper und Geist wie einen Vogel fliegen zu lassen und wirklich zu *tanzen*. Dank gilt auch meinen Professoren der Slawistik an der Universität Hamburg, Prof. Dr. Annelore Engel und Prof. em. Dr. Dr. h.c. Wolf Schmid, die mich gelehrt haben, wie Struktur und Klarheit mit Kreativität und Geist im Denken und in Texten miteinander verbunden werden. Ganz besonderer Herzens-dank geht an meinen Lehrer und Mentor Dieter Jarzombek, ohne dessen Unterweisungen es dieses Buch nicht gäbe und der mich die Essenz des Herzens gelehrt hat.

Ich danke allen Menschen, von denen ich lernen und die ich lehren durfte: Ich habe so viel von ihnen gelernt.

Danke an das Leben, das mich immer wieder mit Wundern über-rascht und staunen lässt.

Möge dieses Buch zum Wohle aller Beteiligten wirken!

Über die Autorin

Maike Bauer tanzte in ihrem ersten Leben auf Bühnen und in Ballettsälen als Tänzerin, Choreographin und Lehrerin klassischen und modernen Tanz. Parallel Abschluss des Studiums der Slawistik und Romanistik mit dem 1. Staatsexamen für Höheres Lehramt. In ihrem zweiten Leben tanzte sie mit Derwischen, Sufis und Heilern. Dadurch vertiefte sie ihre Ausbildungen in Atemarbeit und verschiedenen Körpertherapien. Heute lebt und wirkt sie (inmitten tanzender Eichen) in Frankreich.